Begegnungen in der Unsichtbaren Welt

von Anthony Borgia

Verlag „Die Silberschnur" GmbH

Titel der Orginalausgabe: MORE ABOUT LIFE IN THE WORLD UNSEEN
© Anthony Borgia
Aus dem Englischen übersetzt von Dr. Wolf Friederich und Hannelore Friederich

Umschlagsaquarelle: Gabriele Klinghammer, Berlin
Druck: Strüder-Druck, Neuwied
Printed in Germany

1. Auflage Herbst 1988

ISBN 3-923 781-27-X

VERLAG „DIE SILBERSCHNUR" GmbH
Gartenstr. 15, D-5451 MELSBACH/NEUWIED

INHALTSVERZEICHNIS

Vorbemerkung der Übersetzer

Das vorliegende Buch ist die Fortsetzung und zugleich Abrundung des 1985 im Verlag „Die Silberschnur" erschienenen Buches von Anthony Borgia „Das Leben in der Unsichtbaren Welt". Um eine Abrundung handelt es sich insofern, als einige Begebenheiten, die im ersten Band dargestellt wurden, nun in diesem zweiten Band aufgegriffen und weitergeführt wurden. Dies geschieht freilich in einer solchen Weise, daß der Leser des zweiten Bandes keinerlei Schwierigkeiten des Verstehens hat, wenn er den ersten Band nicht kennt.

Das letzte Kapitel „Friede auf Erden" ist einem weiteren Buch von Anthony Borgia entnommen: „Heaven and Earth" (Himmel und Erde). Es wurde in die vorliegende Veröffentlichung mit aufgenommen, weil es in tiefgründiger Weise aus der Sicht der göttlichen Welt Stellung nimmt zu dem wohl dringendsten Problem unserer Zeit: Frieden. Wie steht es mit dem fünften Gebot, und wie können wir eine Welt schaffen, in der es keine Kriege mehr gibt?

Für das bessere Verständnis einiger in diesem Buch, vor allem im letzten Kapitel getroffenen Feststellungen sei gesagt, daß das englische Original („More About Life in the World Unseen") 1956 herauskam; dem Autor sind also eine Reihe von Geschehnissen der ersten Hälfte dieses Jahrhunderts noch sehr gegenwärtig; jüngeren Lesern der deutschen Ausgabe mögen sie keineswegs mehr selbstverständlich sein. Bei den Beispielen aus dieser Zeit bezieht sich der Autor offensichtlich auf gewisse Methoden des Hitlerreiches und auf den Nürnberger Kriegsverbrecherprozeß.

Bei der Übersetzung haben wir uns streng an das Original gehalten und uns bemüht, dem teils ernst-gewichtigen, teils nahezu saloppen Stil des englischen Originals möglichst gerecht zu werden.

Wolf und Hannelore Friederich

Vorwort

Das Wesen, das in diesem Buch Mitteilungen aus der geistigen Welt macht, war auf Erden bekannt als Monsignore Robert Hugh Benson, ein Sohn des früheren Erzbischofs von Canterbury Edward White Benson. Als ich ihm vor vielen Jahren zum ersten Mal begegnete, stand er als Prediger und Autor auf der Höhe seines Ruhms.

Nachdem er aus diesem Leben geschieden war, habe ich mich manchesmal gefragt, wie es ihm wohl gehe. Durch einen Freund in der Geisteswelt erfuhr ich, daß es ihm in jeder Weise gut gehe und daß ich im Laufe der Zeit von ihm direkt hören würde.

Das war dann auch schließlich der Fall, und so begann eine Reihe von Niederschriften, die er durchgab. Die erste − Life in the World Unseen („Das Leben in der Unsichtbaren Welt", Verlag „Die Silberschnur" 1985) − enthielt einen recht genauen Bericht von seinem Übergang. Er berichtete, wie er am Ende seines irdischen Lebens von einem früheren Kollegen namens Edwin empfangen und in die geistige Welt mitgenommen wurde, wo sein Haus, ein Gegenstück seines irdischen Hauses, bereits auf ihn wartete. Nach einer kurzen Ruhepause begann er unter Edwins Führung, das Land seines neuen Lebens zu erforschen. Im Laufe ihrer Wanderungen trafen die beiden eine bezaubernde junge Frau, Ruth mit Namen, die auch ein Neuankömmling in der geistigen Welt war. Sie schloß sich ihnen an, und die drei sind seitdem immer zusammen, eng verbunden miteinander in Arbeit und Freizeit.

In den dann folgenden Niederschriften hat Monsignore sich mit sehr vielen verschiedenen Themen im Zusammenhang mit der Geisteswelt beschäftigt; unter ihnen war ziemlich wichtig seine ‚Theologie', die eine ebenso umfassende wie drastische Umgestaltung erfuhr.

Seine hauptsächliche Tätigkeit besteht darin, Menschen bei ihrem physischen Tod abzuholen und in die geistige Welt zu geleiten. Hierbei arbeitet er mit seinen Freunden Edwin und Ruth zusammen.

Die ganze Zeit hindurch hatte ich den Vorzug und die Freude, derjenige sein zu dürfen, der seine Durchgaben aufzeichnete. Mit Hilfe anderer Kommunikationsmöglichkeiten hat es buchstäblich Hunderte von Zusammenkünften gegeben, zu denen er eine recht große Zahl von geistigen Freunden mitbrachte.

In der vorliegenden Niederschrift, die ich 1951 aufzeichnete, berichtet Monsignore, wie Ruth und er – diesmal ohne Edwin – einen ihrer Besuche auf der Erde für ‚Geleitdienste' vornahmen, und zwar ging es um einen jungen Mann von achtzehn Jahren. Anstatt ihn jedoch, wie sonst üblich, der Fürsorge anderer zu übergeben, laden sie ihn ein, bei ihnen in ihrem Haus (wo er zum ersten Mal zu seinem neuen Leben erwacht) zu bleiben. Nachdem er sich ganz erholt hat, brechen sie dann auf zu ‚Geleitdiensten' anderer Art: zu Streifzügen durch die Reiche, in denen sie leben, um die Wunder zu sehen und manchen Menschen dort zu begegnen. A. B.

1

Ein Übergang

Ihr werdet hoffentlich die wenigen einleitenden Worte gelesen haben, die mein irdischer Helfer über mich geschrieben hat; dadurch wird es mir ermöglicht, sogleich mit meiner Erzählung zu beginnen, ohne Altbekanntes noch einmal zu berichten.

Nahezu vierzig Jahre ist es jetzt her, seit ich an der Schwelle eines neuen Lebens stand — damals, als der Augenblick meines physischen Todes eintrat. Während der letzten zehn Jahre habe ich nun einen Bericht von dem Leben geben können, wie es in diesen Teilen der geistigen Welt geführt wird, in denen ich glücklich leben darf.

Das Leben spielt sich hier — das müßt ihr wissen — in geradezu gigantischen Ausmaßen in der Geisteswelt ab; wie gigantisch — das könnt ihr erst begreifen, wenn ihr selbst hier unter uns weilt. Aber weil diese Welt von so riesigen Ausmaßen ist, ist damit nicht gesagt, daß sie dementsprechend kompliziert ist. Wenn man die Erdenwelt mit der Geisteswelt vergleicht, ist es tatsächlich sofort offensichtlich, wie kompliziert die Erdenwelt und um wieviel es einfacher das Leben in der Geisteswelt ist. Vielleicht ist das eine erstaunliche Feststellung; dennoch ist sie zutreffend. Damit ist freilich ein Thema angesprochen, das ich erst später erörtern will. Nun aber folge ohne weitere Einleitung meine Erzählung.

In der von meinem Haus nicht weit abgelegenen Stadt ist ein großes Gebäude, das die wichtigen Aufgaben eines Dokumentations- und Auskunftszentrums erfüllt. Hier kann man über unendlich viele und verschiedene Themen und Angelegenheiten Informationen erhalten. Was uns dabei im Augenblick besonders interessiert, ist die Abteilung, die sich mit dem eigentlichen Übergang der Menschen von der Erde zur Geisteswelt befaßt. Ein Teil meiner Arbeit besteht darin, Menschen im Augenblick ihres physischen Todes zu helfen — Menschen aller Art, beider Geschlechter, jeglicher — oder keiner — Religion und aller Altersstufen, jungen und alten. Zusammen mit mir arbeiten meine beiden alten Freunde, Edwin und Ruth. Manchmal ist Edwin nicht dabei, aber Ruth und ich sind fast immer zusammen tätig.

Nun mögt ihr euch fragen, wie wir denn erfahren, wann unsere Dienste benötigt werden und wer oder was diese Dienste in die erforderliche Richtung lenkt. Die Antwort ist ganz einfach: das Dokumentations- und Auskunftszentrum. Es ist nicht Teil unserer normalen Aufgaben, mit allen oder einigen der Verfahren voll vertraut zu sein, die dieses Zentrum bei der Informationsbeschaffung anwendet. Ruth und ich werden nur aufgefordert, dies Zentrum davon in Kenntnis zu setzen, daß wir beide frei sind, jegliche Aufgabe zu übernehmen; die Prozedur besteht für uns einfach darin, die Benachrichtigung abzuwarten, daß unsere Dienste erwünscht sind.

Bei einer bestimmten Gelegenheit saßen wir also in unserem Haus, das ein genaues Abbild meines alten Hauses auf der Erde ist; da erreichte uns die Nachricht, daß unsere Anwesenheit im Zentrum erwünscht sei. Wir begaben uns sofort dorthin und wurden von jemandem begrüßt, den wir im Verlauf der Jahre sehr gut kennengelernt hatten, ebenso wie er uns.

Dieser Mann ist eine freundliche Seele, sehr herzlich und verständnisvoll, und seine Kenntnis aller seiner Mitarbeiter ist phänomenal. Durch die Anwendung dieser Kenntnis ist er in der Lage, diejenigen unter uns auf ihre verschiedenen Missionen zu schicken, die für die jeweilige spezielle Aufgabe genau die Richtigen sind.

Mit irdischen Augen betrachtet, mag große Ähnlichkeit zwischen dem einen und dem anderen normalen Übergang bestehen, aber von uns aus gesehen liegen sehr große Verschiedenheiten vor. Sie sind tatsächlich ebenso groß wie die Verschiedenheiten bei einzelnen Persönlichkeiten. Was für den irdischen Betrachter das Lebensende ist, das ist ja doch für uns und den Hauptbetroffenen der Anfang eines neuen Lebens. Mit der einzelnen Persönlichkeit müssen wir uns befassen und entsprechend der Persönlichkeit der hinübergehenden Seele sowie deren Kenntnis oder Unkenntnis in spirituellen Dingen ist unsere jeweilige Aufgabe ausgerichtet und ebenso unser Vorgehen. Kurz gesagt, jeder ‚Todesvorgang' wird unter strikter Beachtung der wesentlichen Erfordernisse sorgfältig behandelt. Uns werden also unsere verschiedenen Aufgaben zugewiesen unter Berücksichtigung unserer Fähigkeiten, Erfahrungen, Temperamente usw. Edwin, Ruth und ich haben entschieden ein ähnliches Temperament; unsere Fähigkeiten und Erfahrungen sind durch langjährige Tätigkeit erweitert und vertieft worden.

Wie ihr euch vorstellen könnt, müssen wir manchmal sehr viel Geduld aufbringen, wenn wir mit dem Denken von Menschen konfrontiert werden, die hartnäckig an solch alten Überzeugungen und Ideen festhalten, bei denen keinerlei Bezug zu den wahren Tatsachen und den Realitäten des geistigen Lebens gegeben ist. Viel mühselige Arbeit mag erforderlich sein, den Neuankömmling von so vielem zu befreien, das gedanklich und spirituell ein großes Hemmnis ist. Ihr erkennt daraus, wie weise es ist, Mitarbeiter auszuwählen, die in jeder Hinsicht für das jeweilige Werk gut geeignet sind, so daß ein schwieriger oder heikler Fall nicht womöglich noch schwieriger wird.

Die Geisteswelt tut niemals etwas halb; was den auf Erden Inkarnierten allzu übertrieben erscheinen mag, ist für uns, die wir die Arbeit ausführen müssen, ganz eindeutig Weisheit. Es wird keine Mühe gescheut. Wir haben ja unendlich viel Zeit, ungeheure Geduld und dazu die Dienste einer Vielzahl von Menschen stets zur Verfügung. Stümperei gibt es hier nicht; Fehler werden keine gemacht, und dem Zufall wird nichts überlassen. Unser Leiter im Zentrum, der uns kennt, schickt uns daher auf irdische Missionen im vollen Vertrauen darauf, daß er in uns die Richtigen ausgewählt hat, und wir unsererseits haben das volle Vertrau-en, daß uns keine Aufgabe zugewiesen wird, der wir nicht gewachsen wären.

Nach dem Austausch einiger freundlicher Worte und Fragen wandte sich unser Freund der vorliegenden Sache zu. Ein völlig problemloser Fall, wie er uns sagte — einer, der keine ungewöhnlichen Besonderheiten aufweisen dürfte. „Es handelt sich um den Übergang eines Achtzehnjährigen", sagte er. „Ein munterer Junge, geistig wach und aufnahmefähig. Ich habe diesen Fall für euch beide vorgesehen, da ich denke, er wird euch später von Nutzen sein, wenn er sich an die Dinge hier gewöhnt hat. Wäre es euch recht, ihn mit in euer Haus zu nehmen? Das wäre ein guter Plan." Wir sagten bereitwillig zu.

Wir stellten unserem Freund ein paar Fragen, um soweit wie möglich mit allen erforderlichen Auskünften versehen zu sein. Es ergab sich, daß das irdische Ende des jungen Mannes sehr schnell heranrückte, daß er in Bezug auf das ‚Leben nach dem Tode' keine Vorurteile hatte; sein Religionsunterricht folgte den üblichen Bahnen, hatte auf ihn aber keinen großen Eindruck gemacht. Zwischen seinen Eltern und ihm bestand eine heitere Toleranz, aber keine so starke Zuneigung, daß sich irgendwelche Komplikationen emotionaler Art einstellen könnten.

Die Eltern würden den frühen ‚Tod' ihres Sohnes als Gottes Willen ansehen und würden sich dementsprechend unterwerfen.

Wir waren uns einig, daß dies ganz gewiß ein durchaus einfacher Fall war, und das tat uns keineswegs leid, da wir in der letzten Zeit eine ganze Anzahl sehr anstrengender Übergänge gehabt hatten; wir freuten uns also über diesen neuen leichteren Fall.

Ohne Zweifel werdet ihr euch fragen, wie wir eigentlich zu Beginn unserer Bemühungen hingelenkt werden zu dem ‚Sterbezimmer', um diesen so kummervollen Ausdruck zu gebrauchen. Welch ungeheure Düsternis, nebenbei bemerkt, welches Jammern beschwört das Wort herauf! Es scheint, als ob all die traurigsten Ausdrücke ganz besonders dem einfachen Vorgang des Übergangs von eurer Welt zu unsrer vorbehalten wären. Natürlich braucht ihr mich nicht daran zu erinnern, daß es vom Standpunkt derer, die sich von einem geliebten Menschen trennen, keine Zeit der Fröhlichkeit und der übermäßigen Freude ist. Wäre jedoch die Wahrheit bekannt und erkannt, welch ungeheuren Unterschied würde das ausmachen, besonders wenn jener glückliche Zustand sogar dazu führen könnte, daß all die mit dem Übergang so eng verknüpften Trauer-Utensilien schonungslos beseitigt würden. Ist nicht das Ereignis heutzutage in sich selbst schon qualvoll genug — ohne daß man zu seiner Düsternis noch durch so viel Schwarz beiträgt? Das war, fürchte ich, eine kleine Abschweifung — kehren wir zum Thema zurück.

Den Namen erfahren wir, aber nicht die Adresse des Menschen, um den wir uns kümmern sollen. Das ganze Verfahren ist tatsächlich viel einfacher und bietet ein sehr gutes Beispiel für das, was ich vorhin sagte in Bezug auf die relative Einfachheit des Lebens in unserer Welt im Vergleich zu den Komplikationen des Lebens in eurer. Alles, werdet ihr sagen, muß einen Anfang haben, so daß also irgendwo jemand von jemand anderem einen Hinweis bekommen muß, daß der Übergang einer bestimmten Person in, sagen wir, ein oder zwei Stunden irdischer Zeit stattfinden wird. So, wie die Dinge liegen, ist es kaum wahrscheinlich, daß wir von irdischen Menschen eine direkte Nachricht erhalten mit der Andeutung, Hilfe sei bei einem unmittelbar bevorstehenden Todesvorgang erforderlich.

In diesem Augenblick ist es nicht meine Absicht, die Dinge bis auf ihren Ursprung zurückzuverfolgen, und genau genommen sind wir, die wir diese Art Arbeit durchführen, nicht mit den kleinsten Einzelheiten der Organisierung befaßt, die ja beendet sind, sobald wir uns an der Seite der hinübergehenden Seele präsentieren. Das gehört zu den fachmännischen Funktionen, die im Land der Geister eine Alltäglichkeit sind. So viel aber läßt sich sagen: die Kenntnis, daß ein Übergang bevorsteht, zusammen mit der genauen Ortsangabe, ist das Ergebnis einer wirklich großartigen Weiterleitung von Informationen, die von einem zum andern weitergegeben werden. Das fängt an mit jenem wichtigen Beauftragten, dem Geistführer des einzelnen, und endet bei uns, die die Aufgabe durchführen, Menschen von der Erdenwelt zu ihren Wohnungen in der Geisteswelt zu geleiten. Zwischen ersterem und letzteren gibt es eine klare Verkettung des Denkens, wenn ich mich so ausdrücken darf, einen Austausch von Informationen, der durch Gedankenübertragung schnell und genau erfolgt.

In diesem Augenblick, als Ruth und ich unserem Freund in der Zentralstelle gegenübersaßen, brauchten wir nur noch unsere ‚Reiseinstruktionen‘ entgegenzunehmen. Diese erhielten wir so: Unser Freund schickte eine Nachricht − natürlich durch Gedankenkraft − an das gei-stige Wesen, das am Ort des Übergangs seinen Dienst versah − und zwar des Inhalts, daß wir bereit seien, unsere Aufgabe zu übernehmen, wann immer dies Wesen es für ratsam halte. Hierauf erfolgte sofort eine Antwort. Wir konnten das Licht wahrnehmen, wie es blitzartig unseren Freund erreichte, und durch eine Art von Zusammenströmen wurden wir in den ‚Gedankenstrahl‘ einbezogen. Wir waren nun selbst in direk-ter Verbindung mit dem Betreuer ‚am anderen Ende‘, wie ihr wohl sagen würdet. Und nun − wenn ich ganz unwissenschaftliche Sprache benut-zen darf − brauchten wir uns nur diesen Gedankenstrahl entlang zu pro-jizieren, und schon befanden wir uns genau an der Stelle, wo unsere Dienste benö-tigt wurden. Wie das vor sich geht, davon habe ich nicht die geringste Vorstellung. Alles, was Ruth und ich euch sagen könnten, ist, was wir tun, wie wir es tun, aber nicht, wie es eigentlich vor sich geht. Meint ihr denn, ihr könntet in einfachen Ausdrücken − oder auch jegli-chen Ausdrücken − präzise beschreiben, was ihr tut, wenn ihr denkt, und mir dann erklären, wie es vor sich geht? Probiert dieses ‚einfache‘ Experiment einmal selbst aus, und dann werdet ihr begreifen, was ich eigentlich·meine!

Wir dankten unserem Leiter für diese neue Aufgabe, und auf Grund seines Hinweises, daß die Zeit nahe herangekommen sei, brachen wir sofort auf.

Ruth und ich befanden uns jetzt im Schlafzimmer eines nicht sehr großen, bescheidenen Hauses, das vom Standpunkt irdischen Besitzes nicht gerade reich ausgestattet war. Eine Krankenschwester tat dort Dienst, und Verwandte waren im Hause. Offensichtlich glaubten sie, daß das Ende nahe bevorstehe, und der Arzt hatte anscheinend alles getan. Es gab auch offenbar einige Hinweise, daß ein Priester erst vor kurzem den Raum verlassen hatte. Aus gewissen Zeichen war zu schließen, daß im Gebet Bitten ausgesprochen worden waren; diese waren in den üblichen, obskuren theologischen Ausdrücken formuliert und dazu den bevorstehenden Ereignissen so wenig angemessen, daß sie völlig wirkungslos waren und keinen Zweck erfüllten außer dem, den dabei Anwesenden eine gewisse zweifelhafte Befriedigung zu verschaffen. Das aber war etwas, das schnell in Ordnung zu bringen Ruth und ich fähig – und berechtigt – waren. Wir handelten entsprechend und baten um das Herabströmen hilfreicher Kraft, die unsere eigenen natürlichen Mittel und Fähigkeiten ergänzen sollte. Sie war sofort vorhanden und an dem hell leuchtenden Licht klar zu erkennen, das uns umstrahlte.

Offensichtlich würde unser Freund sich binnen kurzem uns beigesellen. Dementsprechend begannen wir mit unseren kleinen Vorbereitungen. Ruth stellte sich ans Kopfende des Bettes so, daß sie den Kopf des jungen Mannes leicht erreichen konnte, legte ihre Hände auf dessen Stirn und strich sanft über seine Schläfen.

Ganz sicher können wir uns nie sein, daß unsere Hilfeleistungen wahrgenommen oder empfunden werden, solange der ‚Patient‘ nicht dieses oder jenes Zeichen gibt, daß es so ist. Im vorliegenden Fall war es sehr klar, daß Ruth nachhaltig Eindruck machte, weil gerade, als sie ihre Hände auf den Kopf des Jungen legte, dieser seine Augen nach oben wandte – so als ob er wahrzunehmen suchte, woher die angenehme, lindernde Empfindung kam.

Möglicherweise konnte er Ruth tatsächlich sehen; war das der Fall, um so besser.

Wir hatten uns beide mit etwas unseren früheren irdischen Gewändern Entsprechendem bekleidet. Ruth trug ein fröhliches Sommerkleid und sah sehr natürlich, einfach zauberhaft aus. Das zu betonen ist notwendig, denn es war – und ist stets – unser Ziel, nicht wie ‚himmlische Wesen‘ zu erscheinen, für den Fall, daß unsere Anwesenheit erkannt wird, was ja möglich ist. (Als Edwin mich bei meinem Übergang abholte, zeigte er sich mir in seinem üblichen irdischen Gewand. Hätte er sich mir in seinem geistigen Gewand präsentiert, wäre ich – daran besteht gar kein Zweifel – so erschrocken gewesen, daß ich mir eingebildet hätte, das

Schlimmste würde, wenn es nicht bereits eingetreten sei, nicht lange auf sich warten lassen.

Ich postierte mich am Fußende des Bettes und richtete meinen Blick auf den jungen Mann; es gab deutliche Zeichen, daß er mich sah. Ich lächelte ihn an und winkte ihm leicht mit der Hand, um ihm Sicherheit zu geben. Bis jetzt verlief alles ja sehr günstig — ich wollte, alle Übergänge wären so friedvoll.

Im Leben des jungen Mannes war jetzt der große Augenblick gekommen. Ich stellte mich etwa zur Bettmitte, Ruth gegenüber. Der Junge war in leichten Schlaf gefallen. Dabei erhob sich sein Geistkörper langsam über seinen unbeweglichen physischen Körper, mit dem er verknüpft war mit einer leuchtenden Silberschnur — der Lebensschnur, wie sie auch heißt. Ich hielt meine Arme unter die schwebende Gestalt; es gab einen ganz kurzen, leichten Ruck, die Silberschnur löste sich, fiel zurück und verschwand.

Für die Verwandten im Schlafzimmer war der Junge jetzt ,tot' und ,fort'; für Ruth und mich war er lebendig und da.

Ich hielt ihn in meinen Armen wie ein Kind, während Ruth ihm wieder ihre Hände auf den Kopf legte. Eine oder zwei Minuten sanfte Bewegungen ihrer Hände, und dann waren wir so weit, daß wir die schnelle Reise zu unserem Heim antreten konnten.

Während der ganzen Reise hielt Ruth eine Hand des jungen Mannes und gab ihm so Energie und Kraft, während ich ihn in meinen Armen trug. Dieser Vorgang, wie alle anderen dieser Art, war bald vorüber; wir hatten ja das trostlose Schlafzimmer hinter uns gelassen und befanden uns jetzt in unserem schönen Land, in unserem Heim. Still und sanft legten wir den Jungen auf eine sehr bequeme Couch, Ruth setzte sich neben ihn, während ich mir einen Stuhl am Fußende unserem Neuankömmling gegenüber nahm. „Nun, mein Lieber," bemerkte Ruth mit offensichtlicher Befriedigung, „ich meine wirklich, mit ihm wird alles gut gehen."

Alles, was wir jetzt noch tun konnten, war, sein Erwachen abzuwarten; der gegebenen Lage entsprechend würde das nicht mehr lange dauern.

Unsere einfachen, aber gewöhnlich wirkungsvollen Vorkehrungen waren bereits getroffen worden. Die Couch, auf die der Junge gelegt worden war, stand nah einem weit offenen Fenster, und zwar so, daß ohne die geringste Kopfbewegung ein ganz bezaubernder Ausblick auf

die Gärten draußen gegeben war, und durch eine Lücke in einer Baum-
reihe sah man in der Ferne unsere schöne, farbenprächtige Stadt klar und
deutlich. An der Wand genau gegenüber dem Jungen hing ein großer
Spiegel, so daß darin die übrigen Teile des Raumes mit all ihrer Ausstrah-
lung einer angenehmen Atmosphäre schon mit ganz geringen Bewegungen der Augen betrachtet werden konnten. In der Ferne waren Kinder-
stimmen zu hören, und die Vögel sangen, wie gewohnt, ihre kräftigen
Lieder.

So also war die angenehme Situation, die unseren Freund erwartete,
als er aus seinem kurzen, aber erfrischenden Schlaf erwachte, und dies ist
dann oft der Augenblick, wo unsere eigentliche Arbeit erst beginnt.

2

Das Erwachen

Ruth war die erste, die sprach, als unser Freund seine Augen geöffnet hatte.

„Nun, Roger," sagte sie, „wie fühlst du dich?" (Unser Freund in der Zentralstelle hatte uns den Vornamen des jungen Mannes genannt; das genügte praktisch.)

Roger öffnete seine Augen noch mehr, als er sich Ruth zuwandte. „Tja, " sagte er, „ich hab' Sie gesehen — wann war das nur? Erst vor kurzem. Wer sind Sie denn?"

„Einfach jemand, der dir helfen möchte. Nenn mich Ruth."

„Und Sie? Ich meine, ich erinnere mich, Sie saßen am Fußende meines Bettes."

„Stimmt," sagte ich. „Deine Erinnerung wird in ein paar Augenblicken klarer werden."

Roger wollte sich aufsetzen, aber Ruth drückte ihn sanft in die Kissen zurück. „Also die Regelung für heute, Roger," sagte sie, „ist die, daß du einfach still hier liegst und nicht allzu viel redest."

Der Junge blickte unverwandt aus dem Fenster.

„Herrlicher Blick, nicht wahr?" sagte ich und zeigte auf das Fenster. „Fühlst dich wohl? Das ist schön. Jetzt fragst du dich wohl, was das alles soll. Hast du irgendeine Vorstellung, was passiert ist? Nur so eine nebelhafte Idee. Aber das Großartige ist doch, daß du dich jetzt wirklich wohl fühlst. All deine Schmerzen sind weg. Ist es nicht so?"

Roger nickte und lächelte, während ihm diese Erkenntnis zu dämmern schien. „Oh ja! Vielen Dank."

Der Junge gehörte anscheinend nicht zu den nervösen, und so hatte es offensichtlich keinen Sinn, ihm die Wahrheit noch länger vorzuenthalten. Ich schaute zu Ruth hinüber, und sie nickte zustimmend.

„Mein lieber Roger", fing ich an, „ich habe eine erfreuliche Nachricht für dich. Du hattest vollkommen recht — du hast Ruth und mich vor kurzem tatsächlich gesehen. Wir waren zu Hause in deinem Schlafzimmer, und du warst sehr krank — so krank, daß der Arzt dich nicht durchbringen konnte. Deshalb sind Ruth und ich gekommen, dich durchzubringen — hindurch zu einer anderen Welt, einer herrlichen Welt. Verstehst du mich?"

„Dann bin ich also gestorben. Ist es so?"

„So ist es, mein Bester. Das erschreckt dich doch nicht?"

„Nein, ich glaube nicht." Er machte eine Pause. „Nie hab' ich etwas Derartiges erwartet", sagte er dann.

„Ja, das hast du wohl nicht. Wer tut das schon außer den ganz Wenigen, die wissen, was auf sie zukommt. Sag ehrlich, was hast du denn erwartet?"

„Das wissen die Götter."

„Engel mit großen Flügeln und strengem Antlitz, die ganz kalt und unnahbar aussehen? Angenommen, du hättest etwas Derartiges gesehen, was hättest du empfunden und gedacht? Du brauchst es mir nicht zu sagen; ich will die Frage für dich beantworten. Du hättest gedacht, sie wären gekommen, dich abzuholen zu einer Gerichtsverhandlung vor einem schrecklichen Richter irgendwo im Hohen Gerichtshof des Himmels. Und weh dir, wenn du dich übel verhalten hättest, mein Lieber."

Ruth lachte laut und fröhlich, und auch Roger, der meinen Blick aufgefangen und richtig gedeutet hatte, lachte mit.

„Laß dir gleich zu Beginn sagen, lieber Roger, daß es keine Richter gibt, auch keinen einzelnen Großen Richter irgendwo in dieser Welt, der geistigen Welt. Wenn geurteilt werden soll, tun wir das selbst, und bringen das sehr gut zuwege. Du wirst feststellen, daß du äußerst kritisch dir selbst gegenüber wirst, wie wir alle. Wir können uns selbst gegenüber sogar sehr streng sein. Was immer du gedacht haben magst über den Tag des Jüngsten Gerichts, streiche die gesamte Vorstellung aus deinem Denken. So etwas gibt es nicht, hat es nie gegeben, und das wird es auch niemals geben.

Ich glaube, jetzt beschäftigt dich wohl die Frage, was als nächstes geschieht," fuhr ich fort. „Die Antwort ist ganz einfach: Nichts! — zumindest eine gewisse Zeitlang, bis du dich erfrischt fühlst, und dann könnten wir alle zusammen aufbrechen und dies und jenes ein bißchen erforschen. Wie gefällt dir das?"

„Das gefällt mir sehr, aber eines würde ich noch gerne wissen." Roger sah sich um. „Wessen Haus ist das, und wer sind Sie? Ich sehe, Sie sind ein Pater, aber die Farbe Ihrer Soutane habe ich so bisher noch nicht gesehen."

„Das Haus gehört mir, wenn es auch eigentlich unser Haus ist, denn

Ruth ist die meiste Zeit bei mir, und dazu kommt noch ein Geistlicher, ein alter Freund von mir, den du später kennenlernen wirst. Was mein Gewand betrifft, das ich anhabe – das ist nur etwas, das meiner irdischen Kleidung entspricht; ich hab' es speziell deinetwegen angelegt. Ich habe richtige geistige Kleidung, aber angenommen, ich hätte sie getragen – und Ruth die ihrige –, als wir in dein Zimmer kamen, dich abzuholen, dann hätten wir vielleicht ausgesehen wie die strengen, abschreckenden Engel, von denen ich gerade eben gesprochen habe. Und ganz gleich, wie wir unsere Gesichter freundlich und lächelnd dreinschauen lassen, es besteht kein Zweifel, daß es da einen zu Tode erschrockenen Roger gegeben hätte. Du siehst uns also so, wie wir früher waren auf der Erde, und jetzt betrachte dich mal selbst, wie du auf der Erde aussahst noch vor ganz kurzer Zeit."

Roger blickte auf seine Kleidung und stellte dabei fest, daß er eine Flanellhose und eine braune Jacke anhatte; an den Füßen trug er ein Paar handfeste Schuhe. Er faßte das Material an, als ob er sich vergewissern wollte, daß es real sei. Er packte sogar seinen Arm an, um absolut sicherzugehen, daß er Substanz hatte. Dann tat er einen Fuß auf den Boden und trat leicht auf.

„Alles ganz massiv, Roger, oder?"

Von einem Nebentisch holte Ruth eine ganz große Schale mit Obst und bot sie dem Jungen an. „Du wirst merken, das Obst ist auch ganz real", sagte sie lächelnd; „nimm dir, was dir gefällt. Das Obst ist köstlich und wird dir sehr, sehr gut tun. Wir haben es hier für unsere ‚speziellen' Zwecke."

Alle drei nahmen wir von dem Obst; Ruth und ich warteten, was der Junge wohl mit seinem machen würde. Erst betrachtete er es genau, indem er es immer wieder umdrehte – was er untersuchte, war eine Pflaume –, und er schien unentschlossen, was er damit anfangen sollte. Natürlich kann man mit einer feinen, saftigen Pflaume nur eines machen, besonders wenn sie in der geistigen Welt gewachsen ist – sie essen. Ruth und ich taten das denn auch, während Roger genau beobachtete, was passieren würde. Er erwartete ohne Zweifel, daß geradezu ein Sturzbach von Pflaumensaft herauskommen und über unsere Kleider laufen würde. Seine Augen weiteten sich vor Erstaunen, als er merkte, daß Saft herauskam, gewißlich, und daß er mit derselben Gewißheit verschwand, ohne auf unseren Kleidern Flecken zu hinterlassen. Auf diese Weise ermutigt, folgte er unserem Beispiel und war äußerst entzückt über diese scheinbare Zauberei.

„Bei uns kommt nichts um, Roger", erläuterte Ruth; „alles, was nicht gebraucht wird, kehrt zu seiner Quelle zurück. Nichts wird vernichtet. Man könnte auch gar nichts vernichten, so sehr man sich auch bemühte. Stellt man fest, man braucht etwas nicht mehr oder will es nicht mehr haben, dann entschwindet es einfach allem Anschein nach; es verflüchtigt sich vor deinen Augen. Verlorengegangen ist es aber nicht; es kehrt zu der Quelle zurück, von der es kam. Wenn wir dies Haus hier und al-les, was darin ist, nicht mehr wollten, würde es verschwinden, und man sähe nichts mehr als den Boden, auf dem es stand. Und so ist es mit allem, was du mir nennen könntest. In der geistigen Welt ist alles lebendig; so etwas wie ,leblose Gegenstände' haben wir hier nicht. Hier werden die Dinge viel besser gehandhabt als auf der alten Erde, findest du nicht — schon nach dem winzigen bißchen, das du bisher gesehen hast?"

Roger dankte Ruth für ihre Erklärung. Was das Reden betraf, so schien er ein bißchen schüchtern; allerdings hatte Ruth ihm ja auch emp-fohlen, vorerst nicht zu viel zu reden. Er wandte sich jedoch an mich, nachdem er über Ruths Worte nachgedacht hatte — und das mit gewis-sen Anzeichen der Verwirrung:

„Waren Sie ein Bischof oder so was?"

„Oh je, nein!" lachte ich; „nichts so Großartiges oder Erhabenes. Du hast wohl nach der Farbe dieses Kleidungsstücks, das ich trage, geurteilt. Nein, ich war nur Prälat, als ich auf Erden war. Einige meiner Freunde reden mich noch mit dem alten Titel an. Es macht ihnen Freude, und es schadet ja niemandem, wenn es auch in Wirklichkeit hier keine solchen Titel und Unterscheidungsmerkmale gibt. Dennoch — wenn du dieselbe Bezeichnung verwenden willst, tu das nur. Es ist ja durchaus sinnvoll, und es ist keineswegs ,gegen die Vorschriften'. Ruth benutzt sie auch immer."

Hier möchte ich ein oder zwei Anmerkungen einflechten, die ich als nützlich erachte. Was ich euch hier darlege, ist der Bericht über einen tat-sächlichen Fall, ein reales Vorkommnis — freilich typisch für viele ande-re. Der junge Mann, Roger, existiert wirklich, und er kam in die geistige Welt unter genau den Umständen, die ich euch jetzt schildere.

Ferner: vielleicht nimmt man Anstoß an dem Gespräch, das ich euch wiedergegeben habe. Es gibt Leute, die werden einwenden, das Ganze sei in gar zu erschreckender Weise respektlos und trivial, als daß man so etwas auch nur einen Augenblick in Erwägung ziehen könnte; es sei frivol und drittklassig und von der Art, wie man es sich nicht, ganz gewiß nicht in irgendeinem Bereich erlauben würde, den man berechtigterweise als ‚Himmel' bezeichnen könnte; der ‚Himmel' müsse doch sicherlich nach Prinzipien geführt werden, die weit weniger alltäglich und viel heiliger und spiritueller sind.

Vielleicht wird auch beanstandet, daß doch jeder, der ‚diesen schrecklichen Schritt' vom Leben zum Tode durchmacht und dann vom Tod zum ewigen Leben – ‚übernatürlichen' Leben –, weit schwerwiegendere Dinge zu bedenken und zu besprechen hätte als die Gesprächskinkerlitzchen, die sich – so wie ich das ‚behaupte' – da abspielen.

Angesichts der langen Erfahrung mit Übergängen, auf die ich zurückgreifen kann, angefangen mit meinem eigenen, weiß ich dies mit allergrößter Gewißheit: Wenn der letzte Atemzug auf Erden getan ist und das Leben in der geistigen Welt begonnen hat, dann besteht niemals die geringste Neigung, in diesem entscheidenden Augenblick sich gedanklich im Rahmen gelehrter theologischer Elaborate zu bewegen oder sich irgendwelchen ‚frommen Platitüden' hinzugeben.

Jede Seele, die in diesen oder anderen Reichen der Geisteswelt völlig unwissend über das Leben hier ankommt, ist nur mit einer einzigen Frage beschäftigt: Wie geht es weiter? Nur damit. Weil wir Bewohner der geistigen Welt sind, sind wir doch nicht zu großen Rhetorikern geworden, die sich in langem, beredsamem Wortschwall über Dinge höchster spiritueller Gedankenkunst auslassen. Gottseidank tun wir das nicht. Wir sind normale, vernünftige Leute, die auf normale, vernünftige Weise reden und handeln.

Man stelle sich vor, Ruth und ich hätten, als wir Roger in unsere Obhut nahmen, ein sehr ernstes Verhalten an den Tag gelegt und düstere Mienen aufgesetzt – was meint ihr wohl, was wäre mit ihm und mit uns passiert? Der Junge hätte sich entsetzt, wo es doch wahrhaftig gar keinen Grund für irgendwelche Angst gab; und wozu das alles? Nur damit Ruth und ich erscheinen und handeln, wie wir nach Meinung irregeleiteter Menschen erscheinen und handeln sollten – so wie es sich für Bewohner der Geisteswelt zieme...

Und wie wäre es Ruth und mir ergangen? Wir wären beurteilt worden als völlig ungeeignet für die Tätigkeit, die wir übernommen haben, und wären sogleich fortgeschickt worden – mit Schande! So etwas könnte freilich nie passieren, da wir mit dieser Arbeit nicht betraut würden, sollten wir solch undenkbare Vorstellungen hegen. Es ist eben so, meine lieben Freunde, daß wir in unserem Gespräch mit Roger, ebenso wie in Tausenden anderer Fälle, um die wir uns gekümmert haben, einfach wir selbst sind. Schließlich ist dies hier eine Welt, erfüllt von Leben, Aktivität und Wahrheit – keine unechte, schattenhafte, frömmlerische Farce von Existenz. Und wie froh sind wir alle, daß das so ist! Wir ziehen entschieden unsere Form von ‚Himmel' der seltsamen Auffassung vor, die es in manchen Teilen der Erde gibt. Jetzt aber zurück zu meinem Bericht.

Roger fühlte sich verlockt, von der Couch aufzustehen – ein sicheres Zeichen, daß er sich allmählich wieder kräftiger und stärker fühlte. Das Obst hatte ihm geholfen; wir wußten, daß das so sein würde. In diesen Dingen gibt es hier keine Fehlschläge. Zugleich wäre es aber nicht gut gewesen, ihm zu erlauben, seine Kräfte zu weitgehend zu erproben; daher empfahlen wir ihm fürs erste zu bleiben, wo er war. Er war – und ist natürlich! – ein sehr lieber Kerl, war also bereit, all unseren Anregungen zu entsprechen. In Fällen dieser Art, das heißt also in den ersten Augenblicken der Neuankömmlinge, hängt so viel ab von den kleinen Geschehnissen, den einfachen Dingen, die weitreichende Konsequenzen enthalten und äußerlich so beruhigend sind – und tröstlich.

Lange Erfahrung hat uns gelehrt, daß oft der kleinste, unbedeutendste Vorfall weit mehr dazu beitragen kann, dem Neuankömmling im geistigen Land inneren und äußeren Frieden zu bringen, als hundert der brillantesten Abhandlungen. Aus diesem Grunde bringen wir mit voller Absicht Dinge, die so trivial erscheinen. Ich kann das nicht besser veranschaulichen als durch den Bericht über das, was in unserer Fürsorge für Roger weiterhin geschah.

Plötzlich wandte der Junge seinen Blick zum Fenster, verlockt durch ein Geflatter auf dem Fensterbrett. Er sah, daß ein kleiner Vogel ins Zimmer geflogen war und sich nur etwa einen Fußbreit von ihm hingesetzt hatte. Roger verhielt sich ganz still, als wagte er kaum, sich zu bewegen, um den kleinen Besucher nicht zu verjagen. Ruth rief jedoch den Vogel, der daraufhin sofort zu ihr flog und sich auf ihrem ausgestreckten Finger niederließ. Der Vogel hatte ein hübsches, blaßgraues Federkleid.

Roger schaute mit großem Interesse, als Ruth den Vogel ihm auf den Finger setzte.

„Er besucht uns hier oft;" sagte ich, „er gehört freilich zwei alten Erdenfreunden von uns."

„Was macht er dann hier?" fragte Roger.

„Nun, meine Freunde fanden ihn, als er, gerade flügge, sehr in Not war; sie sorgten für ihn und erlebten, wie er größer wurde. Leider ist er dann doch verunglückt. Vielleicht wurde er ein bißchen zu waghalsig, tat des Guten zuviel, bekam plötzlich eine Herzattacke und starb sofort. Das war jammerschade. Er war wie du, Roger, noch jung und hatte kaum sein Leben begonnen. Und genau wie du kam er in diese schönen Lande, und man kümmerte sich sofort um ihn, gerade so wie wir das tun für all die Menschenseelen, die zu uns kommen. Dieser kleine Vogel, auf Erden so ganz unbedeutend, und die Tat meiner beiden Freunde, gleichermaßen unbedeutend – sie sind nicht verlorengegangen. Ihre Zuneigung zu diesem winzigen Etwas an Leben hat dieses Leben für immer erhalten. Zur Zeit gehört er zum ‚Haushalt' eines gemeinsamen alten Freundes, der bereits andere Vögel und sonstige Tiere als Freunde besitzt. Miteinander bilden sie eine fröhliche Familie, und wir werden mit dir dorthin gehen, um ihn zu besuchen – und sie. Findest du nicht, der Vogel ist ein wirklich hübscher Kerl?"

„Oh ja! Was für ein Vogel ist es denn?"

„Als er hierher zu uns kam, war er mehr dunkelgrau und nicht so groß. Aber jetzt ist er gewachsen, und seine Farbe ist, wie du siehst, fast taubengrau. Was für ein Vogel es ist, fragst du? Na, ein gewöhnlicher Spatz."

Ruth war empört, daß ich ihn in irgendeinem Sinn als ‚gewöhnlich' bezeichnete, und so war ich gezwungen, das zu widerrufen – nicht zum ersten Mal seit meinem Eintritt in die geistige Welt.

Roger spielte noch mit dem Vögelchen, als Ruth auf einmal zwei Besucher aufs Haus zukommen sah. Sie schlenderten durch den Garten, blieben aber oft stehen, um die Blumen näher zu betrachten, die in solcher Fülle rings um das Haus wuchsen. Als sie näher kamen, erkannten wir in ihnen alte Freunde, die uns schon oft besucht hatten. Einer, der größere, war ein Chaldäer, der andere ein Ägypter.

Ich sagte Roger, auf keinen Fall solle er sich erheben, wenn diese zwei Besucher ins Zimmer kämen, da beide wüßten, wofür die Couch verwendet würde, denn es hätten schon sehr viele Neuankömmlinge auf ihr geruht.

Ruth und ich gingen zur Tür, unsere Besucher willkommen zu heißen, und es wurden herzliche Grußworte gewechselt. Der Chaldäer heißt Omar – unter diesem Namen ist er weithin bekannt. Er ist ein Mann von auffallender Erscheinung – das Eindrucksvollste an ihm ist sein rabenschwarzes Haar, das so sehr mit seiner etwas fahlen Gesichtsfarbe kontrastiert. Ohne Zweifel ist er eine der fröhlichsten Seelen, denen man in diesen Landen begegnen kann; durch seinen ausgeprägten Sinn für Humor kennt und schätzt ihn nahezu jeder.

„Komm doch bitte herein, Omar", sagte ich, „und schau dir unseren ‚Patienten' an." Er antwortete, er tue es gern, und so rückten wir zwei Stühle näher an die Couch.

„Nun, mein Sohn, wie fühlst du dich? Glücklich? Ausgeruht?" Omar wandte sich an uns: „Roger fragt sich wohl, wer ich bin. Vielleicht überlegt er aber auch, was ich bin."

„Siehst du, Omar, du bist wirklich der erste, den er in geistigen Kleidern sieht. Nicht wahr, Roger?"

„Ja, und da bin ich ein bißchen verwirrt. Ihre Kleider," sagte er zu Omar, „sind so anders als die von Monsignore."

„Anders als die, die er im Augenblick trägt, weil er dich nicht erschrecken wollte. Du hast keine Angst vor mir, Roger, oder? Dafür gibt's ja gar keinen Grund, mein lieber Sohn, denn ich bin ganz harmlos, und meine beiden Freunde – deine beiden Freunde – werden für mich einstehen. Vielleicht hältst du mich für einen Engel! Na, das wäre jedenfalls besser, als für einen Teufel gehalten zu werden. Weißt du, Roger, da gibt es auf Erden manche reizenden Leute, die mich einen Teufel nennen würden, ja, und dich auch – eigentlich alle hier! Findest du, Ruth sieht besonders satanisch aus? Monsignore hier – der hat natürlich schon etwas von Schwefel an sich. Na ja, gut, daß wir darüber lachen können; dieselben reizenden Leute freilich würden uns nicht mal das gönnen.

Wenn ich für mich selbst sprechen soll, so empfinde ich mich nicht im geringsten als heilig, und Monsignore ist ein viel zu hartgesottener Sünder, dem auch nur etwas näherzukommen."

Omar wandte sich zu mir: „Ich muß jetzt gehen", sagte er, „grüße meine Freunde auf Erden von mir." Dann ergriff er Rogers Hand, hielt sie einen Augenblick und streichelte seine Wange. „Alles Gute, mein Sohn," sagte er, „ruh dich aus und dann laß dir von deinen Freunden die Herrlichkeiten dieser Gegenden zeigen. Dies ist jetzt dein Heimatland, weißt du? Und, unter uns gesagt, wir sind recht stolz darauf."

3

Eine erste Umschau

Als wir uns von Omar und seinem Begleiter verabschiedet hatten und zum Haus zurückkehrten, sahen wir, daß Roger von der Couch aufgestanden war und zum Fenster hinausschaute. Wir winkten ihm zu, und er winkte zurück.

„Sieht so aus, als hätte er seine Kraft wieder ganz zurückerlangt," bemerkte ich zu Ruth.

„Da gibt's wohl keinen Zweifel, meine ich."

„Und ich möchte meinen, was ihn wieder völlig auf die Beine gebracht hat, ist Omars Besuch. Hast du gemerkt, wie er die Hand des Jungen gehalten hat? Wenn ihn das nicht mit Vitalität aufgeladen hat, müßte ich mich schon sehr irren. Sieht das nicht wieder Omar ähnlich!"

Ohne Frage war in dem Jungen eine große Veränderung vor sich gegangen, denn als wir näherkamen, stand er in der Tür und machte einen durchaus jugendlich-lebhaften Eindruck. Verschwunden war diese gewisse Mattheit, die in solchen Fällen so häufig ist.

„Na, Roger", sagte Ruth, „du siehst aus, als wärst du zu allem bereit."

„So fühle ich mich auch, Ruth. Mein altes Gehirn ist jetzt klarer geworden, Monsignore, und ich möchte jetzt ganz viel erfahren." Er packte uns beide am Arm und hielt uns ganz fest.

„Omar hat dir tatsächlich viel Kraft gegeben, nach dem festen Griff zu urteilen", bemerkte ich. Er lachte, und es war schön, ihn so zu hören, denn es zeigte mehr als alles andere, daß der Junge jetzt wieder ganz er selbst war und daß unsere Aufgabe von jetzt an einfach darin bestand, ihn in die Wunder der geistigen Welt einzuführen — immer eine erfreuliche Beschäftigung, obwohl wir das schon unzählige Male gemacht hatten.

„Also los, mein Junge, fangen wir auf dem Dach an."

„Auf dem Dach? Wozu um alles auf der Welt wollen wir aufs Dach klettern?" „Auf der Welt, Roger, gibt's dafür keinen Grund. Ich weiß aber, was du meinst. Geh zu und wart erst mal ab, bis du oben bist, bevor du irgendwelche unfreundlichen Bemerkungen machst. Also, aufs Dach!"

Wir gingen die Treppe hinauf ins obere Stockwerk. Hier oben ist ein Korridor, und etwa in der Mitte ist eine kleine Ausbuchtung, von wo eine kurze Treppe zu einer Tür auf das flache Dach führt. Hier bot sich Rogers erstaunten Augen ein herrlicher Blick auf die Landschaft, ein riesiges Gebiet, das sich bis weit in die Ferne erstreckte.

„Na, Roger, laß mal deine Augen über das alles schweifen. Hast du jemals etwas Ähnliches gesehen oder etwas, das auch nur im entferntesten an diese Schönheit heranreichte?"

Ein paar Minuten war der Junge ganz still, während er sich einmal um sich selbst drehte. „Großer Himmel!" sagte er.

„Genau so ist es etwa", sagte Ruth, „diese zwei Wörter sind eine exakte Bezeichnung — genauer geht's nicht mehr."

„Also Monsignore, Ruth — mir ist es gleich, wer — aber einer von Ih-nen muß mir jetzt sagen, was das alles ist. All diese Leute, zum Beispiel. Was machen sie?"

Wir konnten viele Leute sehen, über die Gegend verstreut — einige ganz nahe, andere weiter weg; einige in kleinen Gruppen, andere in größeren, wieder andere einzeln sitzend oder spazierengehend.

„Alle diese Leute, die du siehst, gehen ihren verschiedenen Beschäftigungen nach oder vielleicht gar keiner Beschäftigung. Schau dir die kleine Gruppe an, die unter dem großen Baum sitzt. Sie können alles mögliche machen: vielleicht halten sie nur einen freundlichen Schwatz, oder vielleicht tun sie das, was Ruth und ich jetzt für dich tun, indem wir dich in die geistige Welt einführen. Was immer all diese Leute tun — niemand kommt und sagt zu ihnen, sie sollten das nicht tun und fordert sie zum Weitergehen auf.

Von richtiggehendem, eindeutigem Faulenzen, glaube ich, findet man keine Spur, Roger, weil niemand, soweit ich feststellen konnte — und Ruth und ich haben an allen möglichen Orten herumgeschaut — niemand die geringste Neigung verspürt, gar nichts zu tun einfach auf Grund seiner trägen Natur. Es gibt hier eben einfach keine trägen Naturen. Immer sind wir irgendwie beschäftigt, aber das heißt natürlich nicht, daß unser Leben eines voll ewiger Arbeit ist — im Gegensatz zu der alten, noch immer verbreiteten Vorstellung von ewiger Ruhe. Wir alle, jeder von uns, haben unsere Freizeit, und da kommt dann niemand und sagt, es ist Zeit, mit der Arbeit wieder anzufangen — im irdischen Sinne. Wir haben all die Erholung, die wir brauchen und wünschen, und wir kommen und gehen, wie wir wollen. Was Ruth und ich im Augenblick tun, hier auf diesem Dach, ist für uns beide eine sehr angenehme Form der Erholung und eine erfreuliche Abwechslung gegenüber unserer hauptsächlichen Beschäftigung. Es sieht vielleicht so aus, als vertrödelten wir unsere Zeit – jedenfalls für jemanden, der sich nicht auskennt. Weißt du, Roger, hier gibt es Millionen von Wesen – wie du siehst, ohne jede Überfüllung –, so daß es zwar sehr viel zu tun gibt, aber auch sehr viele, die es tun."

„Das ist ja ganz einfach, Monsignore, aber das gibt mir zu denken, was ich mal tun werde."

„Dann denk darüber nicht mehr nach, mein Lieber", warf Ruth ein, „du liebe Zeit, du bist doch gerade erst hier eingetroffen! Warte ab, bis du so lange hier bist wie wir, und dann erkennst du, hier gibt es nicht ständig diese schreckliche Eile, mit irgend etwas voranzukommen."

„Wie lange sind Sie denn schon hier, Ruth?"

„Oh, annähernd vierzig Jahre."

„Und Sie, Monsignore?"

„Etwa dieselbe Zeit. Vielleicht besteht ein Unterschied von zehn Minuten. Du siehst, wir sind wirklich erfahrene Bewohner hier."

„Wie lang ist Omar schon hier?"

Ruth und ich tauschten einen Blick und brachen in schallendes Gelächter aus.

„Omar ist in der geistigen Welt etwa zweitausend Jahre. Ich ziehe wohl besser meine Behauptung von wegen ‚erfahrene Bewohner' wieder zurück."

Dem Jungen bereitete unser harmloser Scherz Vergnügen, und das half ihm, selbstsicherer zu werden und sich wirklich wohl zu fühlen.

„Ruth, zeig Roger jetzt doch mal die Sehenswürdigkeiten!"

„Siehst du das große Gebäude, auf das ein blauer Lichtschein herunterstrahlt? Das ist ein Sanatorium für Menschen unmittelbar nach ihrer Ankunft hier. Du hättest dorthin kommen können. Es ist sehr schön, und du wärst gut versorgt worden, man hätte dir jeden Gefallen erwiesen."

„Warum wurde ich dann nicht dorthin gebracht?"

„Das tut dir doch nicht leid, oder?"

„Nein, keineswegs! Das könnte es ja gar nicht geben."

„Die Anregung, dich hierher zu bringen, kam von dem speziellen Mann, der uns auf unsere verschiedenen Missionen schickt, wenn wir Menschen bei ihrem Übergang in diese Welt helfen. Er meinte, es sei eine gute Idee; und es würde uns nicht im Traum einfallen, seine Klugheit in Frage zu stellen. Es wäre ja auch keineswegs das erste Mal, daß es so ge-schieht; viele Leute haben ihren ersten Blick von der geistigen Welt er-hascht, während sie auf der Couch unten ruhten. Für sie ist das gut und für uns auch."

Roger zeigte auf die verschiedenen Häuser, die zu sehen waren, manche von Bäumen fast völlig verdeckt, andere auf offenerem Gelände. „Wem gehören die?" fragte er.

„Sie gehören den Menschen hier. Wenn man mal das Recht hat, hier ein Haus zu besitzen, dann kann dich nichts daran hindern, eins zu haben. Alles Besitztum beruht auf denselben Bedingungen hier, ganz gleich was es ist; das gilt selbst für die geistigen Kleider. Natürlich heißt das nicht, daß man vielleicht unbekleidet herumgehen müßte, weil man durch ein Mißgeschick nicht das Recht erworben hat, Kleider zu besitzen. Bei uns funktionieren die Naturgesetze auf vernünftige Weise."

Ich schaltete mich in das Gespräch ein: „Es ist keineswegs so, Roger, daß hier jeder ein Haus besitzt. Manche wollen mit keinem belastet werden — obwohl ‚belastet' eigentlich nicht das treffende Wort ist, da kein Haus, ob groß oder klein, irgendwie im alten irdischen Sinne eine Last sein könnte. Es gibt aber eben Leute, die finden, daß sie kein Haus brauchen, und so haben sie eben keines. Ganz einfach. Zunächst scheint ja doch immer die Sonne in diesen und anderen Regionen; unangenehmen Wind oder Kälte gibt es nicht. Stets herrscht dieselbe gleichmäßige, freundliche Wärme, die du jetzt empfindest. Wir brauchen uns also nicht, wie auf der Erde, vor irgend etwas von der Art der Elemente zu schützen. Und was die Privatsphäre betrifft, so haben wir Tausende von Örtlichkeiten — ein paar kannst du von hier aus sehen —, die all die Abgeschiedenheit bieten, die man sich nur wünschen kann." „Was sind das für große Gebäude in der Ferne?" fragte unser Freund. „Das sind die verschiedenen Hallen des Wissens in der Stadt. Überhaupt, das dort ist die Stadt. Alles, was es an Wissen gibt, ist dort irgendwo zu finden, und tausend Fertigkeiten sind dort zu erlangen. Du kannst ein Techniker werden für eine der verschiedenen Betätigungen, die zum Leben in der geistigen Welt gehören."

So ging es weiter, indem wir Roger zahllose Dinge zeigten, dieses erklärten, jenes begründeten. Und so brachten wir einem jungen Menschen, der die Erde, wie so viele, verlassen hatte, ohne das geringste Wissen über den wichtigsten Teil des Universums, die geistige Welt, zu besitzen, ein klareres Verständnis. Vor sich sah er, ausgebreitet bis in scheinbar unbegrenzte Ferne, die großartige Landschaft mit ihrem hellen Grün, den in allen Richtungen überquellenden intensiven Farben, den sanften Erhebungen, die zum glitzernden Wasser eines Sees oder eines Flusses führen. Dazu die sorgfältig angelegten Gärten, die Blumen, die Vögel, die ganze himmlische Natur – und darüber der blaue Himmel.

Ich schlug vor, daß wir jetzt hinuntergehen. Roger bewunderte die verschiedenen schönen und bequem eingerichteten Zimmer, in die er beim Hinuntergehen schaute, und als wir endlich in dem unteren Zimmer angelangt waren, das er so gut kannte, schnitt er eine Frage an, die ihn offensichtlich beschäftigte.

„Monsignore, wo muß ich mir denn eine Bleibe suchen?"

„Du mußt nirgendwo im besonderen eine Bleibe haben, Roger", antwortete ich. „Du kannst wohnen, wo du willst; freilich verstehe ich, daß du kein eigenes Haus hast. Du könntest eins haben, wenn du wolltest, aber möchtest du? Es wäre wohl ein ziemlich einsiedlerisches Leben, wenn du auch so oder so viele Besucher hättest. Wirklich einsam könntest du hier gar nicht sein; du brauchtest nur aus dem Haus zu treten und würdest Menschen finden, die alle Einsamkeit gar bald vertreiben würden. Ruth und ich wissen aber, was du meinst; deshalb möchte ich dir den folgenden Vorschlag machen, wenn er zu deinen Vorstellungen in dieser Sache paßt: Wäre es dir recht, hier bei uns in diesem Haus zu wohnen? Du siehst ja, wie groß es ist – Raum gibt es mehr als genug. Es gibt alle möglichen kleinen Dinge, die dich interessieren können, ohne daß du hinausgehen mußt. Bleib hier so lange, wie du möchtest, und sei dessen gewiß: du bist uns stets willkommen.

Wir können die Zukunft als solche nicht voraussehen, und Zeit spielt, wie dir jetzt wohl klar geworden ist, hier kaum eine Rolle. Ruth und ich tun zusammen mit Edwin, den du noch nicht kennengelernt hast, diese Arbeit neben anderen Dingen seit vielen Jahren. Wahrscheinlich tun wir sie noch viele weitere Jahre hindurch. Keiner von uns ist dessen überdrüssig. Aber selbst wenn wir eine andere Tätigkeit aufnähmen, würden wir immer noch unser Haus hier behalten wollen.

Geistiger Fortschritt ist eine andere Sache, Roger. Wenn wir höher hinaufsteigen – oder auf unserem Weg voranschreiten –, gelangen wir vielleicht in andere Bereiche. Aber daran brauchen wir im Augenblick nicht zu denken. Schließ dich also unserem kleinen Haushalt an – mit anderen Worten, bleib, wo du bist. Das dürfte ja nicht schwierig sein, da du kein ‚Hab und Gut' besitzt. "

Der Junge wollte seiner Dankbarkeit Ausdruck geben, aber wir unterbrachen ihn. Es bedurfte keiner Worte; seine Gedanken genügten. „Das wäre also geregelt", sagte Ruth, „und jetzt sag du uns, Roger, was du von dem Ganzen hier hältst."

Unser Freund setzte sich auf einen bequemen Stuhl; er sah recht verwirrt aus. „Was ich nicht begreifen kann", meinte er schließlich, „ist die Frage, wie all das, was Sie mir gezeigt haben, zur Religion paßt. Man hat mir ja nicht viel beigebracht, und ich wußte auch nie genau, was mir bevorsteht ..."

„Du bist nicht der erste, der sich das fragt, Roger. Millionen geht es ebenso — auch Ruth und mir ging es so. Wir waren damals nicht besser dran als du. Worauf es hinausläuft, ist dies: Wenn man auf der Erde ist, wird diese ganze Geisteswelt angesehen als ‚Leben nach dem Tod', als ‚Jenseits', und es wird darüber allein vom religiösen Standpunkt aus gesprochen, außer von recht wenigen Auserwählten. Ich nenne sie ‚Auserwählte', weil sie die Wahrheit besitzen — natürlich nicht die ganze Wahrheit, aber doch genug, um völlige Geborgenheit zu empfinden. Die Religionen der Erde haben sich Rechte über dies Leben hier angemaßt, die ihnen nicht zustehen. Der Übergang von der Erde in die geistige Welt ist überhaupt keine religiöse Angelegenheit. Es ist ein ganz natürlicher Vorgang, noch dazu einer, der sich nicht umgehen läßt. Ein anständiges Leben auf der Erde zu führen, ist doch keine religiöse Angelegenheit. Warum sollte es das sein? Hast du Anzeichen von etwas Derartigem hier gesehen, Roger? Und doch, wer würde behaupten wollen, wir führen hier kein wirklich anständiges Leben?

Dann nimm mal die Gesamtzahl der Religionen auf der Erde. Tausende Konfessionen gibt es allein unter den Christen, und alle glauben etwas von den anderen Verschiedenes."

„Ich hab' mal gelesen, daß keine einzelne Religion die ganze Wahrheit besitzt, jede aber ein bißchen davon hat, so daß sie, wenn man sie alle zusammennimmt, miteinander die Wahrheit haben würden. Ist das nicht so, Monsignore?"

„Ja, so ist es. Ich habe von der Theorie gehört, aber überleg mal, was das bedeutet. Erst einmal, wie will man feststellen, welches die Wahrheit ist unter all den sonstigen Behauptungen jeder der einzelnen Kirchen? Soll man mit dem einen Bruchstück zufrieden sein, wenn es sich überhaupt herausfinden läßt, oder soll man das Unmögliche versuchen und sich allen über die Erde verstreuten Religionsgemeinschaften anschließen und so der ganzen Wahrheit teilhaftig werden — wobei man dann noch die absolut fürchterliche Mühe hätte, die falschen Schafe von den wahrheitbesitzenden Böcken zu scheiden?"

Der Junge lachte laut.

„Du kannst lachen, Roger, aber darauf läuft es doch letzten Endes hinaus."

„Hier auf diesem Stuhl zu sitzen, in diesem Zimmer, tatsächlich in der geistigen Welt ist etwas sehr anderes als sonntags in der Kirche zu sitzen, wie ich das früher tat − manchmal."

„Nur manchmal?" warf Ruth ein; „das war aber ungezogen, wenn man noch so jung ist!"

„Ich weiß, woran du denkst," sagte ich; „diese Kirchgänge sonntags, mit dem Geistlichen und dem Chorsingen und der Predigt − und der Kollekte, die nicht zu vergessen! Besonders die Predigten, die offenbar keinerlei Bezug hatten zu dem, was du jetzt weißt. Wie könnte es das auch − von einem nur durchschnittlichen Pfarrer? Wie könnte man von einem Menschen − oder auch einem Pfarrer − erwarten, daß er in der Lage ist, andere auf einem besonderen Gebiet oder auch auf irgendeinem Gebiet zu unterweisen, wenn der Lehrende buchstäblich gar nichts darüber weiß? Da liegt das wahre Problem. Unwissenheit, mangelnde Kenntnisse. Dabei ist es seine Aufgabe, des Pfarrers Aufgabe, dies Wissen zu haben. Auch ich hätte das alles wissen sollen, wußte es aber nicht. Jemand in meiner Stellung auf Erden sollte fähig sein, jemandem in Ruths Stellung oder in deiner, Roger, all das zu sagen, was wir hier in diesem Augenblick wissen. Es gibt doch reichlich Gelegenheit, das herauszufinden.

Was für eine traurige, elende Sache ist das doch alles, wenn man darüber nachdenkt. Hier besteht diese wundervolle Welt, in der wir leben, und doch wurde sie auf Erden verhüllt und verdunkelt durch eine Vielzahl von außergewöhnlichen Glaubensrichtungen, Bedingungen, Einschränkungen, Mißverständnissen, und ich weiß nicht, was sonst noch. Das eine läßt sich doch mit dem anderen nicht in Einklang bringen. So wie Öl und Wasser lassen sie sich nicht zu einem Gemisch verbinden. Aber im Gegensatz zu diesen beiden Stoffen gibt es nichts, wodurch man sie sozusagen verschmelzen könnte. Sie lassen sich einfach nicht vereinigen.

Es ist doch seltsam, wie die irdischen Religionen sich Autorität über uns angemaßt haben − wie sie jedenfalls meinen. Sie können uns nicht als handfeste Realität ansehen, als vernunftgemäßes Leben − mit Atmen, mit Arbeit, Spielen, einander Helfen. Den Vogel, den du da hast, Roger, würden sie ansehen als etwas Unerhörtes — viel zu absurd, als daß man auch nur im entferntesten daran denken könnte. Und doch ist der kleine graue Kerl ein Teil unseres Lebens hier, und dazu ein sehr schöner. Wieviele Menschen auf der Erde haben Tiere zum Freund als Teil ihres Lebens? Tausende — aber genau das würde man uns, wenn es nach manchen Menschen auf der Erde ginge, streitig machen wollen. Es ist eben nicht ‚religiös‘ — nicht das, was man in geistigen Reichen erwarten würde. Nicht das, was Gott zulassen würde, ist es doch zu irdisch-materiell und läppisch. Und damit wären wir wieder bei dem schrecklichen Engel, über den ich mit dir gesprochen habe, Roger, als du bei uns auf der Couch lagst und deine Augen geöffnet hattest.

Das Ganze kann man so zusammenfassen, lieber Roger: Die irdischen Religionen wissen überhaupt gar nichts von dieser Welt, von dem Leben, das wir hier führen. Sie sind offenbar nicht in der Lage, in ihrem Geist irgendein Bild, eine Vision dessen heraufzubeschwören, wie es möglicherweise sein könnte. Sie sind sich aber darin sicher, was es nicht sein kann — niemand weiß freilich, wer hierfür der Gewährsmann ist — daß es jedenfalls überhaupt nicht so sein kann, wie es hier tatsächlich ist. Kein einziger geistig gesunder Mensch auf Erden würde doch die Ansicht vertreten, daß man nur eines voll Freude erwarten solle: ein Leben des Nichtstuns in alle Ewigkeit, und das an einem Ort, in einer Gegend, die einfach nebelhaft ist, eine Leere. Der bloße Gedanke an eine solche Existenz — und es wäre ja nicht einmal das — würde ihn mit tiefstem Entsetzen erfüllen und zu dem Entschluß bringen, daß er unter solch abscheulichen Bedingungen nicht würde weiterleben wollen. Und wer wollte ihm das vorwerfen?

So, Roger, jetzt wollen wir aber hinausgehen und einen kleinen Besuch machen. Nimm den Vogel mit — er könnte dir auch ohne uns den Weg zeigen. Komm mit!"

4

Ein Besuch

Unser Gang durch die Landschaft war für Roger wieder eine Offenbarung, nicht nur wegen ihrer zauberhaften Schönheit, sondern wegen der vielen freundlichen Begrüßungen, die uns überall zuteil wurden. Sie kamen zumeist von Menschen, die für uns durchaus ‚Fremde‘ waren, die aber nach Meinung des Jungen wohl zu einem großen Kreis unserer Freunde gehörten. Wir erklärten ihm jedoch, daß er, wenn er allein gewesen wäre, Ähnliches erlebt hätte.

„Hierzulande warten wir nicht darauf, vorgestellt zu werden, Roger“, sagte Ruth. „Das ist hier einfach nicht nötig.“

Auf unserem Weg kamen wir an vielen Dingen vorbei, die das Interesse und die Neugier unseres Freundes in seinem jetzigen Leben erweckten — viel davon habe ich euch schon berichtet. Schließlich erreichten wir aber unser Ziel.

Dies war ein ziemlich großes Gebäude inmitten ganz wunderschöner Gärten mit vielen Blumenbeeten, glitzernden Teichen und zahllosen Bäumen. Das Haus selbst war ein quadratischer Bau mit breiten Fenstern und einer Tür in der Mitte, aber ohne deutlichen architektonischen Schmuck an seiner Außenfläche. Nach seinem Äußeren zu urteilen, verband das Haus offenbar den doppelten Zweck eines Zuhauses und einer Arbeitsstätte.

Das Baumaterial — das brauche ich wohl kaum zu sagen — war von der rein geistigen Art, die in ihren herrlichen Farbtönen richtiggehend lebt — verglichen mit der leblosen Schwere irdischer Baulichkeiten.

Dies war nun der erste Blick aus der Nähe, den Roger auf so etwas wie ein großes Gebäude werfen konnte, und so konnte er auch dem Impuls nicht widerstehen, mit seiner Hand über die Fläche der ‚Steine‘ zu streichen.

„Das ist durchaus real“, sagte Ruth.

„Ja, aber es ist warm“, antwortete er, „zumindest ist es nicht kalt.“

Wir lächelten alle miteinander, denn die Begeisterung eines jeden neuen Freundes hatte etwas Erfrischendes an sich — obwohl wir dasselbe immer und immer wieder erlebt hatten.

Inzwischen hatte man unsere Ankunft bemerkt, und unser Gastgeber erwartete uns an der Haustür. Er war ein Indianer — eine stattliche, imposante Erscheinung, hochgewachsen und würdevoll. Als wir ihm Roger vorstellten, begrüßte er uns herzlich. Wir erklärten ihm, daß Roger vor kurzem angekommen war, daß wir ihn in dieses Reich geholt hatten und jetzt mit Vergnügen den Fremdenführer für ihn spielten.

„Und dabei habt ihr mich", sagte unser Gastgeber fröhlich lachend, „unter die Sehenswürdigkeiten eingereiht."

Wir beeilten uns, jegliche derartige unschmeichelhafte Absicht in Abrede zu stellen, woraufhin unser Gastgeber nur um so mehr lachte, je komplizierter unsere Erklärungsversuche wurden. Schließlich meinte Ruth, wir sollten lieber aufhören, da wir uns sonst nur noch immer mehr hineinreiten würden.

Hier wäre wohl zu erwähnen, daß unser Gastgeber unsere Muttersprache genügend erlernt hatte für alles in seinem Wirken Erforderliche. Wenn ich nun hier seine Worte bringe, lasse ich all die kleinen sprachlichen ‚Unregelmäßigkeiten‘ weg, die seinen Freunden — und Bewunderern — auf der Erde so viel Freude machen und die, nebenbei gesagt, auch ihn selbst erheitern. Der größte Teil unserer Unterhaltung hat sich in Gedanken abgespielt — wir sind ja alte Freunde —, so daß er sich uns als der gebildete, kultivierte Experte offenbart, der er tatsächlich ist.

Wie das für die meisten seines Volkes üblich ist, hat er seinen bildhaften Namen beibehalten — mit einer leichten Anpassung an die Verhältnisse in der geistigen Welt, so daß er in unserem Reich und in anderen als Radiant Wing bekannt ist, wobei der erste Teil dieses Namens die Anpassung darstellt, von der ich eben sprach (radiant = strahlend). Das ist insofern in sich verständlich, als es dem Betrachter die Bedeutung dadurch vermitteln sollte — und hierzulande natürlich auch tut —, daß Licht aus den Spitzen seines Kopfschmuckes heraus erstrahlt.

Meine Freunde auf Erden fragen sich vielleicht, warum jemand an einem solchen Ort wie der geistigen Welt Federkopfschmuck trägt. Die Antwort ist ganz einfach: Alles, was schön ist, bleibt erhalten, und weil irgendein in sich schönes Charakteristikum zur Erde gehört, ist das doch kein Grund, warum es uns hierzulande vorenthalten werden sollte. Tatsächlich wird es uns nicht vorenthalten; wir werden uns überhaupt gar nichts versagen, bloß weil Menschen auf der Erde es vielleicht mißbilligen — oder aus Angst davor.

Um der Wahrheit die Ehre zu geben: Wir kümmern uns keinen Pfifferling darum, was Erdenmenschen vielleicht zu unserem Tun oder Nichttun meinen. Ganz gewiß lassen wir uns keine Vorschriften machen von solch mittelmäßigen Personen oder überhaupt von irgendeiner Person auf Erden! Hierzulande wird niemand gezwungen, sich irgendetwas zu unterwerfen, das er mißbilligt. Es steht ihm frei, anderswo zu suchen, wenn er es vermeiden will, sich in seinen heiklen Empfindlichkeiten kränken zu lassen. In gleicher Weise steht es ihm aber auch immer frei, aus seinem obskuren, abgeschlossenen Ort herauszukommen, wenn er letzten Endes merkt, daß er sich geirrt hat. Das Letztere tritt dann aber auch immer ein.

Der Kopfschmuck unseres Gastgebers ist also etwas sehr Schönes; er entfaltet eine Reihe von Regenbogenfarben in den zartesten Schattierungen. Die Federn, aus denen er besteht, sind nicht etwa von einem Vogel genommen worden. Sie hätten ja von einem lebenden Vogel genommen werden müssen, wenn sie überhaupt ‚genommen' worden wären — eine unmögliche, ja abstoßende Annahme —, da es doch in der geistigen Welt tote Vögel nicht gibt. Die Federn sind also ganz und gar aus geistiger Substanz hergestellt und von geschickten Händen und Köpfen so angefertigt worden, daß sie dem realen Gegenstand vollkommen entsprechen. Hinzuzufügen wäre, daß solch ein Kopfschmuck nicht ständig getragen wird, sondern bei formelleren Anlässen.

Wir hatten Roger schon erklärt, daß Radiant Wings Hauptaufgabe darin besteht, ein Heiler für inkarnierte Menschen zu sein, was er mit Hilfe eines irdischen Mediums durchführt. Darüber hinaus ist er ein großer Experimentator, der immer wieder nach neuen Methoden bei der Anwendung der ihm zur Verfügung stehenden Mittel in vielen verschiedenen Kombinationen sucht.

Unser Gastgeber bat uns hereinzukommen, und da er, wie er sagte, etwas von meinen Neigungen kenne, Informationen über die verschiedenen Tätigkeiten in unserem Leben zusammenzutragen, nehme er an, wir wollten etwas von dem kennenlernen, was in seinem speziellen Bereich vor sich gehe.

Wir waren jetzt in einem sehr hübschen Zimmer, das allem Anschein nach seine spezielle ‚Bude' war, und dort erklärte er uns, daß er außer seiner eigentlichen Heilungstätigkeit andere in dieser Kunst ausbildete, zumeist jüngere Menschen, von denen viele etwa in Rogers Alter seien.

Dann führte er uns in sein ‚Labor‘, und wir wurden mit einer Anzahl jüngerer Leute bekannt gemacht – seinen Studenten und Praktikanten, wie er sie bezeichnete.

Es war ein großer Raum; auf einer Seite standen viele Arten von Glaskolben, Phiolen und kleine Krüge, die alle irgendeine Substanz in einer Vielzahl von Farben enthielten. Hier gab es viele große graphische Darstellungen der verschiedenen Teile des menschlichen Körpers, und eine Anzahl anatomischer Modelle in ihren Farben waren in anderen Teilen des Raumes ausgestellt.

„Ihr werdet verstehen“, erklärte unser Gastgeber, „daß es für uns wesentlich ist, alles über die Anatomie des Menschen und die Funktionen des Körpers zu wissen und dazu die vielen Krankheiten zu kennen, an denen irdische Menschen leiden, bevor wir mit Heilungen auch nur anfangen können. In dieser Hinsicht unterscheiden wir uns nicht von den Ärzten auf der Erde. Unsere Behandlungsmethoden sind natürlich ganz anders. Wir benutzen Stoffe und Kräfte, die die Ärzte nicht haben, da sie allein der geistigen Welt zugehörig sind.

Unsere Methoden sind sehr viel einfacher. Schaut euch zum Beispiel die Glasgefäße auf diesen Regalen an. Sie enthalten verschiedene Salben, um damit eine sehr große Zahl von Leiden zu kurieren. Die Farben, die ihr da seht, haben an sich wenig Bedeutung für den eigentlichen Heilungsvorgang; sie dienen zur Unterscheidung der Salben. Der spezielle Wert der Farbe zeigt sich, wenn wir eine Substanz mit einer anderen mischen, denn sobald wir mit dem Mischen beginnen, ändert sich die Farbe natürlich, ebenso wie sich die Farben eines Malers ändern, wenn er seine Farbstoffe mischt. Ihr seht also, daß wir am Farbton der Mischung die genaue Menge einer Substanz, die mit einer anderen gemischt wird, erkennen können. Auf diese Weise können wir durch Vermehrung oder Verringerung der einen oder anderen Substanz Veränderungen vornehmen, je nach den besonderen Erfordernissen des zu behandelnden Falles.

Für den, der Farbsinn hat, sind diese Mischungen ein einziges Vergnügen, denn unsere Kombinationen bringen eine nahezu unbegrenzte Anzahl von wunderschönen Farbtönen hervor.

Meine Freunde, die hier studieren, lernen nicht nur das ABC der Heilkunst, sondern helfen mir auch, neue Mischungen zu finden, und so kommen wir manchmal auf einen neuen Heilbalsam für unsere irdischen

Freunde mit ihren Krankheiten. Was ihr auf den Regalen seht, sind nur die Proben geistiger Substanzen. Wenn wir uns um einen einzelnen Fall kümmern, wo immer das sein mag, werden unsere Stoffe immer frisch hergestellt. Auf Grund unserer Kenntnisse und bisherigen Experimente wissen wir, welche Farbe oder Mischung wir verwenden müssen; unsere Arzneien haben daher die richtigen Mischungsverhältnisse.

Das alles ist aber nur ein Teil unserer Behandlungsmethode. Ein weiterer besteht in Lichtstrahlen, und die können wir nicht in Glaskolben und Flaschen auf unsere Regale tun. Wir können euch aber trotzdem zeigen, was vor sich geht." Er wandte sich Roger zu: „Mein Sohn, hast du von Monsignores Haus aus ein großes Gebäude gesehen, auf das ein heller blauer Lichtstrahl herniederging? Ja? Dieser blaue Strahl hat eine lindernde Wirkung für irdische Menschen ebenso wie für uns hier. Darf ich euch das zeigen? Setzt euch nah um mich herum, liebe Freunde!"

Wir bildeten um unseren Gastgeber einen kleinen Kreis. Im nächsten Augenblick nahmen wir einen hellen blauen Lichtstrahl wahr, der auf uns herniederging, und sogleich empfanden wir seine ganz und gar wohltuende Wirkung — natürlich benötigten wir sie nicht.

Dann ließ Radiant Wing den Lichtstrahl zu einem schmalen Strahlenbündel werden und berührte nacheinander unsere Hände damit.

„Ihr seht", sagte er, „wir können das Licht auf jeden Bereich lenken und in jedem Umfang, ganz nach Wunsch — ein großer Strahl oder dieses schmale Strahlenbündel. Das hängt eben von der Art des Problems ab, um das wir uns bemühen."

Es war faszinierend, ihm zuzusehen, wie geschickt er das Licht dirigierte, wo immer er es hin haben wollte.

„Hier haben wir jetzt einen anderen Lichtstrahl. Schaut her!" Der blaue Strahl verschwand; an seiner Stelle kam ein heller roter Strahl herab.

„Hier handelt es sich", erläuterte er, „um ein stimulierendes Licht; es bringt Energie. Es baut nach der Behandlung nicht nur einen geschädigten Körperteil, sondern den ganzen Körper auf, und das ist zur Zeit auf Erden sehr vonnöten. Unsere irdischen Freunde brauchen aber nicht zu befürchten, daß es mal nicht mehr genug davon gäbe."

Ein deutliches Gefühl von Wärme ging mit dem roten Strahl einher, und Roger sprach das aus.

„So ist es, mein Sohn. Für gewöhnlich wird bei der Anwendung des roten Strahls auch etwas Wärme benötigt; wir haben aber auch besondere

Wärmestrahlen — wir arbeiten dann mit Wärme allein. Die Farben dieser Strahlen dienen dann eher zur Unterscheidung, obschon die Farbe auch hilfreich ist. Die Wirkkraft liegt aber eigentlich im Strahl selbst und nicht in der Farbe.

Nun habt ihr, glaub' ich, alles gesehen außer einer Demonstration unserer Tätigkeit, und das können wir euch hier leider nicht zeigen. Ich muß euch aber mit meiner Familie bekannt machen. Kommt mit in den Garten!"

Unser Gastgeber öffnete eine Tür, die unmittelbar in den Garten führte, und wir traten hinaus, wandten uns nach links und befanden uns in einem ganz großartigen Garten. Er war sehr breit und hatte auf beiden Seiten lange Mauern. Unser Freund erklärte uns, sie dienten nicht dazu, seine ‚Gebietsansprüche' festzulegen, sondern sollten nur die Nachbargrundstücke dem unmittelbaren Blick entziehen. Außerdem bildeten sie eine sehr schöne Staffage für die hohen Pflanzen und blühenden Büsche, die unmittelbar davor wuchsen.

Die ganzen Mauern entlang gab es in gleichen Abständen ziemlich große Öffnungen unterhalb von Rundbögen, was alles zusammen eine sehr schöne antike Wirkung hervorrief. Es gab viele herrliche Bäume, die mit der ganzen Kraft ihres himmlischen Wachstums in voller Blüte standen. Hier gab es keine Winde, die so viele Bäume auf der Erde verunstalten; hier zeigten sie ihre wahre Form in makelloser Gestalt.

Inmitten dieser Idylle gab es einen Seerosenteich, der tiefer lag als der Boden ringsum; einige breite Stufen führten hinunter zu einer gepflasterten Einfassung.

Eine Familie konnten wir nicht entdecken; aber auf einen Ruf unseres Freundes hin kamen über die große Grasfläche, auf der wir jetzt standen, zwei wunderschöne Geschöpfe angesprungen — ein großer Hund und ein Puma.

Ich habe noch nicht erwähnt, daß der kleine Vogel, den Roger in der Hand behalten hatte, in dem Augenblick, als wir aus dem Labor herauskamen, direkt auf einen hohen Baum davongeflogen war. Jetzt kam er daraus wieder hervor und brachte einen Raben und einen Ara sozusagen mit.

Radiant Wing streckte seine Arme aus, und diese beiden Vögel ließen sich sofort darauf nieder; der kleine Vogel flog zu Roger zurück.

„Na, was haltet ihr von meiner Familie?" fragte Radiant Wing. „Der

Hund, der Rabe und der Ara gehören mir. Der kleine Vogel, den du da hast, mein Sohn, gehört Freunden, die noch auf der Erde sind, und dieser schöne Puma gehört ebenfalls einem von ihnen, der auch mein Medium auf Erden ist."

Die Farben des Ara kontrastierten lebhaft mit dem Schwarz des Raben und dem zarten Grau des Sperlings.

Roger hatte offensichtlich ein wenig Angst vor dem Puma – zweifellos weil er sich an diese Art Tiere auf der Erde erinnerte, aber unser Gastgeber beruhigte ihn sofort.

„Du brauchst keine Angst zu haben, mein Sohn", sagte er. „Schau, er hat gar keine Wildheit an sich und will niemandem etwas Böses."

Ruth hatte sich niedergebeugt und streichelte das schöne Geschöpf und spielte mit ihm – es war sanft wie ein Lamm.

„Er ist nicht der einzige seiner Art hier, keineswegs", fuhr unser Gastgeber fort, „aber ihr Wesen ist immer dasselbe – sie sind harmlos und sanftmütig. Ihr seht, die beiden hauptsächlich irdischen Charakteristika sind bei allen Tieren hierzulande verschwunden – der Ernährungstrieb, der sie Jagd auf andere Tiere machen läßt, und die Angst vor ihresgleichen und vor den Menschen. Man beseitige diese beiden – und das Ergebnis habt ihr vor euch. Die beiden Tiere sind für uns eine große Freude – und für sich selbst auch. Probier es selbst aus, mein Sohn."

Roger beugte sich neben Ruth nieder und hatte alsbald seine Befürchtungen verloren, als er das dichte Fell des Pumas streichelte. „Er ist der Verrückte," sagte Radiant Wing, „und hält die anderen ständig in Trab. Beobachte ihn jetzt zusammen mit dem kleinen Vogel!" Roger hielt seine Hand hoch, und der Sperling flog in die Luft, aber nur in kurzem Abstand vom Boden, freilich hoch genug, um für den Puma in geradezu provozierender Weise unerreichbar zu sein. In dieser Höhe flog er in etwas unsteter Weise hierhin und dorthin, ohne dabei offenbar einen direkten Kurs einzuhalten. Der Puma jagte sofort hinterher, und während der Vogel im Zickzack weiterflog, versuchte sein Begleiter auf dem Boden ihn nachzuahmen. Die Akrobatik, die der Puma dabei vollbringen mußte, ließ uns alle hell auflachen; wir mußten aber auch die Geschicklichkeit des flinken Tieres einfach bewundern. Er vollführte unglaubliche Luftsprünge, offenbar in dem sicheren Gefühl, seinen kleinen Freund im Flug erwischen zu können; er wurde aber bei jeder Gelegenheit dadurch hereingelegt, daß der Vogel ein paar Zentimeter zu hoch oder nach rechts oder links flog.

„Was würde passieren", fragte Roger, „wenn der Puma den Vogel tatsächlich geschnappt hätte?"

„Na, gar nichts", antwortete Radiant Wing lachend; „anderes wäre ganz unmöglich, selbst wenn sie nicht die besten Freunde wären, was sie natürlich sind. Feinde gibt es hier nicht."

Das Spiel ging dann aber schnell zu Ende, dadurch, daß der Vogel auf den Puma herunterschoß und auf seinem Kopf landete. Der Puma trottete zu uns zurück und rollte sich im Gras hin und her, offensichtlich zufrieden mit seiner Leistung.

Radiant Wing wandte sich wieder Roger zu: „Jetzt weißt du, wo ich wohne, mein Sohn. Ich hoffe, du besuchst uns, wann immer du Lust hast. Meine Schüler und ich selbst freuen sich immer, dich zu sehen. Oder, wenn du willst, kannst du einfach in den Garten spazieren und dich mit meiner Familie vergnügen. Du wirst sie vielleicht nicht immer alle hier antreffen; manchmal begleiten mich diese zwei", er hob etwas seine Arme mit den beiden großen Vögeln darauf, „und der Hund während meiner Missionen auf der Erde. Aber du kennst ja den kleinen Vogel, und Freund Puma ist meistens hier in der Gegend und immer zu Spielen aufgelegt."

Roger war beglückt über diese Einladung und dankte unserem Freund herzlich – ebenso Ruth und ich, daß er so viel Zeit für uns und unseren neuen Schützling hatte.

5

Mitteilungen aus der geistigen Welt

Als wir so dahinschlenderten, nachdem wir von Radiant Wing geschieden waren, konnte man leicht erkennen, daß Roger ziemlich tief in Gedanken versunken war. Zweifellos dachte er darüber nach, was er im Haus und im Garten unseres Freundes erlebt hatte.

Schließlich sagte er etwas. „Mich erstaunt so sehr, daß all dies der Welt unbekannt ist. Wie all dies so vor sich gehen kann, ohne daß jemand etwas davon weiß, geht über mein Verständnis hinaus."

„Mit ‚Welt‘ meinst du ja doch die Erde, Roger. All dies hier ist den Erdenmenschen nicht gänzlich unbekannt. Einige sind sich der Dinge hier bewußt, aber verglichen mit den Millionen von Erdbewohnern sind es nur sehr wenige."

„Und woher wissen die es dann?"

„Weil man es ihnen gesagt hat, lieber Roger. Wir haben es ihnen gesagt. Damit meine ich nicht Ruth und mich, wenn wir auch unseren winzig kleinen Anteil an dieser Arbeit haben. Es wird ihnen aber seit Jahren gesagt. Die Erde ist nie im ungewissen gelassen worden — immer hat jemand ihnen von all diesen Dingen berichtet. Letzthin hat der Strom der Offenbarungen sogar zugenommen, aber du mußt bedenken, daß eine der größten kirchlichen Institutionen auf der Erde schon vor langer Zeit dekretiert hat, daß alle Offenbarungen ein Ende nahmen, als der letzte Apostel die Erde verließ. Seitdem herrscht Schweigen. Findest du, daß das irgendwie wahrscheinlich klingt nach all dem, was du bisher erlebt hast, wie die Dinge hier vor sich gehen?"

„Nein, auf gar keinen Fall."

„Und doch ist es so. Andere wiederum glauben, daß etwas über das Leben nach dem Tode zu wissen oder auch nur wissen zu wollen, gegen die Heilige Schrift sei. Da haben wir also wieder eine Sackgasse. ‚Wir sollen das nicht wissen; wäre es anders, hätte man es uns gesagt‘, — so reden die Leute. Dabei ist es ihnen tatsächlich gesagt worden, ganz offiziell, und zwar gerade in dem Buch, von dem sie behaupten, es sei gegen dieses Wissen. Seltsam, nicht? Diese Leute lesen das Buch ganz fromm — vielleicht zu fromm – und erkennen dabei nicht, daß es randvoll, wirklich randvoll ist von jeder Art von medial empfangenen Berichten. Man akzeptiert ganz lange Berichte darüber, aber mit solchen Phänomenen will man, weil sie noch heute auftreten, nicht das geringste zu tun haben. Wenn das aber in jenen längst vergangenen Tagen rechtens war – und das war es –, dann muß es auch jetzt rechtens sein – und das ist es auch. Offiziell herrscht natürlich Schweigen."

„Meinen Sie nicht, es läge im Interesse jeder Religion, dies Wissen zu haben oder wenigstens zu versuchen, es zu erlangen?"

„Ja, Roger, das würdest du meinen. Auf der Erde ist die Situation etwa diese: Von den zwei hauptsächlichen Kirchen sagt die eine entschieden und dogmatisch, daß jeder ein Narr ist, der das Auftreten von medialen Phänomenen jeglicher Art bestreitet, betont aber mit gleichem Nachdruck, daß der Urheber davon niemand anders ist als der Teufel selbst oder einige seiner Trabanten. Das meinte Omar, als er sagte, es gebe nette Leute auf der Erde, die ihn – und uns alle hier – schlicht als Teufel bezeichnen würden. Ist diese ganze Vorstellung nicht unsagbar grotesk?"

„Und ob, aber läßt sich denn da gar nichts machen?"

Ruth und ich mußten über die so starke Begeisterung unseres jungen Freundes lächeln.

„Lieber Roger", sagte Ruth, „deine Gefühle sprechen sehr für dich. Wir beide wissen genau, was du empfindest – Monsignore und ich haben ja dasselbe erlebt. Wir hätte am liebsten die törichten Leute am Kragen gepackt und kräftig geschüttelt und versucht, ihnen ein bißchen Verstand einzubleuen, aber Wesen, die klüger sind als wir, haben uns zurückgehalten."

„Jetzt will ich dir erklären," sagte ich, „was mit der anderen wichtigen Kirche, die ich erwähnte, geschah. Diese Kirche führte eine Untersuchung des gesamten Themas der Kommunikation mit der Erde durch – angeordnet von keinem geringeren Würdenträger als dem Erzbischof selbst. Man untersuchte sehr gründlich und wog alles sehr sorgfältig ab und verfaßte dann einen Bericht über die Ergebnisse. Die Mehrheit sprach sich positiv aus und erklärte, daß solche Kommunikation tatsächlich existiert. Prima. Und jetzt, Roger, wenn du Witze liebst – und das tust du ja –, jetzt wirst du schallend lachen: Der ganze Bericht wurde offiziell unterdrückt.

Seltsam, nicht wahr, daß die Menschen von uns einfach nichts wissen wollen und von dem Leben, das wir hier führen! Natürlich gibt es ungezogene Leute, die sagen, wäre der Bericht gegen uns gewesen, dann wäre er mit einem Trompetenstoß auf den Weg gebracht worden. Aber noch habe ich dir die eigentliche Schlußpointe nicht erzählt. Der Erzbischof, der die Untersuchung anordnete und dann die Unterdrückung des Berichts befahl, lebt seitdem selbst hier.

Es ist wirklich schwierig, Roger, zu versuchen, manche Dinge, von denen wir wünschten, wir hätten sie nie getan, ungeschehen zu machen. Der gute Kirchenmann hat durchaus meine Sympathie, denn ich habe ja auch Dinge hinterlassen, die ich lieber ungeschehen gesehen hätte. Es ist mein großes Glück, daß ich in die Lage versetzt worden bin, das richtigzustellen – nicht ganz richtig, mußt du verstehen, aber doch ausreichend genug, daß es fast auf dasselbe hinausläuft. Und wenn ich, als ich auf der Erde war, mit Nachdruck gesprochen habe, so habe ich seitdem mit extra doppelt-starkem Nachdruck gesprochen, um es wieder wettzumachen. In meinem Geist empfinde ich jetzt große Ruhe und Befriedigung, was mir vorher gefehlt hatte. Wenn wir nach Hause kommen, werde ich dir das Buch zeigen, das vor vielen Jahren die Ursache der Schwierigkeiten gewesen war. Es war schreckliches Zeug!" Ruth lachte. „Reg dich nicht so sehr auf, mein Lieber", sagte sie, „ es gibt viel schlimmere Dinge auf der Erde als dieses alte Buch – und sehr viel törichtere!"

„Jene beiden Kirchen haben ein besonderes Interesse an dieser Welt hier – ein religiöses Interesse, natürlich. Keine weiß, was genau als Leben nach dem Tode zu erwarten ist. Ein solches Leben muß es geben, natürlich, aber sie können keinen Hinweis darauf bringen, der nicht irgendeine Darstellung eines im wesentlichen religiösen Lebens enthielte. Im Endeffekt bedeutet das, daß das Erdenleben das wirkliche materielle Leben ist und daß das Leben nach dem Tode sich nach irgendwelchen heiligen Regeln abspielt. Gewißlich ist die ganze Atmosphäre eine fromme und völlig anders als das, was der Mensch auf Erden gewohnt war. Darin haben die Menschen recht – das Leben hier ist völlig anders als das Erdenleben, aber nicht so, wie sie es meinen.

Worauf soll das dann alles hinauslaufen? Werden die Kirchen schließlich die Wahrheit finden? Das ist eine große Frage. So wie sie zur Zeit beschaffen sind, ließe sich nichts machen. Sie sind ja völlig zufrieden so, wie sie sind. Die erste der beiden, die ich erwähnte, behauptet, die eine wahre Kirche zu sein, und dazu unfehlbar. Da kann man also nicht viel Hoffnung haben. Die zweite Kirche besitzt keinerlei Autorität. Innerhalb weiter Grenzen – sehr weiter sogar – können ihre Mitglieder denken und glauben, was sie wollen. Die Bischöfe haben in Sachen des Glaubens wenig oder gar keine Autorität über die Geistlichen. Es gibt einige

Pfarrer, die mit ganzem Herzen auf der Seite der geistigen Welt stehen, wie sie wirklich ist, weil sie geistiges Wissen, direkt von uns kommend, besitzen. Selbst wenn diese spezielle Kirche sich offiziell positiv über uns äußerte, heißt das noch keineswegs, daß die Geistlichen oder die Laien das dann auch tun würden. Einige Leute haben dieses Wissen und unterstützen die Kirche ebenfalls — trotz all ihrer seltsamen Lehren. Somit versuchen sie, in beide Richtungen gleichzeitig zu schauen, aber wenn sie hierher kommen, müssen sie sich schließlich für eine Richtung entscheiden.

Du siehst also, Roger, welche Schwierigkeiten auftreten, wenn es darum geht, das wahre Leben in der geistigen Welt anzuerkennen. Deshalb eben findet sich die Wahrheit bei Menschen ohne Kirchenamt. Du siehst, was für einen Vortrag du dir mit deiner schlichten Äußerung eingehandelt hast!"

Ruth schlug vor, sich eine Weile hinzusetzen. Wir fanden eine Stelle unter einem Baum auf leicht ansteigendem Boden, von wo wir in der Ferne eine glitzernde Wasserfläche sehen konnten.

„Ist es nicht sehr, sehr schade, Roger", sagte Ruth, „daß so viele Millionen von Menschen auf der Erde nichts von diesem wunderschönen Land hier wissen? Und ist es nicht empörend, daß man sie offiziell davor warnt, etwas darüber zu erfahren — und das aus den törichtesten, dümmsten Gründen? Was für ein Schaden könnte denn eventuell darin liegen, über uns und unser Leben alles zu erfahren? Man möchte meinen, wir wären gänzlich Ausgestoßene oder ganz sonderbare Leute, mit denen man am besten gar nichts zu tun hat. Mich macht das einfach wild!"

„Nun reg' du dich aber nicht allzu sehr auf, meine Liebe", sagte ich. „Diese durchgängige Unwissenheit ist ja nichts Neues. Es gibt sie seit Hunderten von Jahren. Darin liegt doch eigentlich das Problem: Sie besteht schon viel zu lange, so daß die Menschen nur noch eine Denkweise kennen — meistens die religiöse oder theologische. Weißt du, Roger, es ist gar nicht so sehr überraschend, daß Hunderte von Menschen, wenn sie hier ankommen und die Wahrheit erkennen, herumgehen wie ein ‚Sturmwind' und unbedingt zur Erde zurück wollen, um den Menschen, die sie auf Erden zurückgelassen haben, endlich die Wahrheit laut zu verkünden. Einige gehen tatsächlich zurück, aber das Resultat ist traurig — auf beiden Seiten. Ihre Stimmen hört ja niemand — jedenfalls dort gerade nicht, wo sie gehört werden sollten.

Nimm deinen eigenen Fall, mein Junge. Ruth und ich könnten dich zu einem Fleck auf der Erde führen, wo wir uns unter alten Freunden kundtun könnten. Wir könnten dich mit ihnen bekannt machen und sie bitten, an deiner Stelle deinen Leuten zu Hause eine Botschaft zu überbringen. Gut. Was würde als nächstes geschehen? Vergiß nicht, deine Verwandten wären für unsere Freunde völlig Fremde, und vermutlich wissen deine Leute nichts über den Verkehr zwischen den beiden Welten, oder wenn sie etwas erfahren haben, glauben sie nicht, daß es möglich ist. Was meinst du wohl, würde dabei herauskommen, wenn unsere Freunde im Hause deiner Eltern vorstellig würden und sagten, sie hätten eine Botschaft von Roger? Du weißt am besten, was passieren würde, da du sie ja kennst. Weil's mich wirklich interessiert, Roger — was würde dann passieren?"

Der Junge dachte einen Augenblick nach. „Sie wären höflich, das mindestens", sagte er, „aber ein bißchen uneinsichtig. Wahrscheinlich würden sie Ihre Freunde für verschroben halten, wenn nicht sogar für total verrückt."

„Sie sehen aber gar nicht wie verschrobene Leute aus, Roger; solchem Verdacht würden sie also wohl entgehen können. Aber verrückt — ja, das vielleicht; aber auch dafür würden sie keine offensichtlichen oder unverkennbaren Anzeichen aufweisen. Was dann?"

„Sie könnten es für empörend geschmacklos halten."

„Ja — damit fertig zu werden wäre schwierig. Es wäre also geschmacklos, daß unsere Freunde in diesem Trauerfall stören und so weiter. Und nun?"

„Ich könnte mir vorstellen, Ihre Freunde würden hinauskomplimentiert. Dann würde die Sache besprochen, und meine Leute würden zum Pfarrer gehen. Der würde höflich zuhören und sagen, daß er von solchen Sachen schon gehört habe, man sie aber am besten auf sich beruhen lasse."

„So etwa wäre das, Roger. Immer wieder dieselbe alte Geschichte. Und wir müssen sie wieder und wieder den Menschen erzählen, wenn sie hier zu Tausenden ankommen und zur Erde zurück wollen, um etwas zu sagen.

Das hauptsächliche Problem bei den Kirchen liegt doch darin, daß sie die Wahrheit über unsere Welt nicht in ihre Theologie einfügen können. Sie erkennen nicht, daß sie die Sache am falschen Ende anpacken: Sie müssen ihre Theologie nach der Wahrheit ausrichten, und das bedeutet die völlige Ausmerzung all dessen, was nicht zur Wahrheit paßt. Noch immer zieht man den Schatten der Substanz vor; man bevorzugt Glaubenssätze, Doktrinen und Dogmen. Von den Realitäten ist man weit entfernt.

Stellen wir die Sache doch mal einfach dar, ganz ungeschminkt, wenn du willst. Hier sind wir drei, menschliche Wesen, die früher auf der Erde lebten. Wir sind durch die Erfahrung des Sterbens hindurchgegangen und sitzen jetzt in der geistigen Welt auf herrlich weichem Rasen unter einem wunderschönen Baum – ringsum ist eine prachtvolle Landschaft, die sich kilometerweit in die Ferne erstreckt. Alles ist unbezweifelbar real und konkret. Es handelt sich dabei nicht um eine ‚spirituelle Erfahrung‘ in religiösem Sinne, sondern um eine ‚alltägliche‘ Erfahrung von durchaus gewöhnlicher Art. Hier sind wir also – alle drei –, weil wir auf Grund des geistigen Erbes des Menschen das Recht haben, hier zu sein – und nicht etwa wegen der Dinge, die wir auf Erden glaubten oder infolge der Verdienste einer speziellen Kirche, der wir angehörten. Ruth kann dir selbst sagen, daß sie es völlig aufgegeben hatte, zur Kirche zu gehen. Und doch ist sie hier bei uns, wird dir aber sagen, daß sie in den Augen der Kirche eine schreckliche Heidin war. Eine andere Kirche würde sie eine Ketzerin nennen, eine Abtrünnige, wegen ihrer Sünden verdammt zu einem weiß der Henker wie fürchterlichen Ort.
Was mich selbst betrifft, ich war ja ein Priester der Kirche und hätte es besser wissen sollen – wußte es aber nicht! Du, Roger, warst jung, aber wohl auch nicht gerade eine Säule deiner Kirche. Nun, unter uns gesagt und von einem streng theologischen Standpunkt aus solltet ihr beide überhaupt nicht hier sein, wenn diese Gegend hier für Leute wie mich reserviert ist. Wenn meine Theologie und all die Lehren und Dogmen, für die ich eintrat und über die ich predigte, mich in diesen speziellen Teil der geistigen Welt gebracht haben, dann steht es euch beiden überhaupt nicht zu, hier zu sein. Theologisch gesprochen, kann keiner von euch beiden sagen, er sei irgendwie berechtigt, sich hier in meiner Gesellschaft zu befinden, denn du, Ruth, warst nach deinem eigenen schrecklichen Geständnis im letzten Teil deines Erdenlebens überhaupt keine Kirchgängerin, und du, Roger, warst nur mit halbem Herzen dabei. Es ist für mich äußerst schwierig, euch beide zu beurteilen und zu entscheiden, wer der schlimmere Sünder ist. Mir scheint, beide seid ihr ziemlich übel, und ich habe in eurer Gesellschaft nichts zu suchen, und ihr nichts in meiner. Das unerbittliche Faktum aber ist: Ihr seid hier, und ich bin es auch.

Welchen Schluß muß man daraus ziehen? Nur diesen einen: Irgend etwas stimmt an der ganzen Theologie nicht. Die Theologie stimmt einfach mit den Tatsachen nicht überein.

Gehen wir noch einen Schritt weiter. Als du auf der Erde warst, Roger, hast du da dein tägliches Leben in einer ‚frommen‘ Geisteshaltung gelebt — klingt albern, diese Frage, aber war das so?"

„Nein, Monsignore, ganz sicher nicht!"

„Natürlich nicht. Kein Mensch in vernünftiger Verfassung lebt so. Man hat vielleicht freundliche Gedanken, liebevolle Gedanken und tut freundliche, liebevolle Dinge, aber das heißt doch nicht, daß man herumgeht und sich auf ‚fromme‘ Weise verhält und damit ganz allgemein scheinheilig und durch und durch widerwärtig wird. Und wie fühlst du dich in diesem Augenblick in Bezug auf all diese Dinge — irgendwie anders?"

„Nicht im geringsten. "

„Aha — wenn also jetzt ein Bulletin veröffentlicht würde, könnte es etwa so lauten: ‚Keine Veränderung ist in Rogers Zustand eingetreten, außer daß er sich jetzt körperlich völlig gesund fühlt. Sein Geist ist in fröhlichster Stimmung (und er ist bei sehr fröhlichen Geistern), und er genießt sein Leben in vollen Zügen — wenn sein Gesicht irgendeinen Hinweis auf seinen Geisteszustand gibt. Es ist ihm eine Freude, allen Theologen mitzuteilen, daß er sich nicht im mindesten ‚fromm‘ oder ‚heilig‘ vorkommt und sehr dankbar dafür ist, daß er einfach er selbst ist und niemand sonst.‘ Na, Junge, würdest du diese Erklärung unterschreiben?"

„Aber gewiß, Monsignore. Ich würde dies alles hier nicht für den Krempel auf der alten Erde eintauschen wollen. "

„Aber Roger! Doch nicht ‚Krempel‘! Du mußt doch begreifen, daß ‚Krempel‘ ein Wort ist, das niemals von einem entkörperten Wesen benutzt würde, daß du eine höchst vollkommene Sprache sprechen solltest, völlig frei von jeglichen saloppen und vulgären Ausdrücken, und daß alles, was du sagst, seinem Wesen nach tiefsinnig und an Substanz gewichtig sein muß... So, nicht wahr, sollten wir uns verhalten — nach den Erwartungen der meisten Erdenmenschen, eben der uninformierten. Die großartige Sache ist aber eben die, daß es hier keinerlei offensichtliche Anzeichen von Frömmigkeit oder Heiligkeit zu finden gibt, oder auch nur von Religiosität. Und wir laufen auch nicht herum und zitieren die Heilige Schrift oder andere erhebende Texte und benehmen uns sonstwie auf durch und durch unnatürliche Weise.

Kurz gesagt: Wir leben nicht in einer religiösen Institution oder in einer ganz religiösen Welt, sondern in einer ebenso gesunden wie vernünftigen Welt von unvergleichlicher Schönheit. Hier können wir nach unseren Wünschen arbeiten und spielen und nach Herzenslust lachen. Mehr noch, und das ist von entscheidender Wichtigkeit, hier können wir die sein, die wir sind, und haben nicht so zu sein, wie andere auf Erden uns irrigerweise haben wollen.

Ist es nicht merkwürdig, daß ich, als ich viele Kanzeln zu meiner Verfügung hatte, von denen ich predigen konnte, nicht viel zu sagen hatte – so wie ich es jetzt sehe? Und jetzt, wo ich sehr viel zu sagen habe, habe ich keine Kanzel mehr."

6

Fortbewegung in der geistigen Welt

Wir waren gemütlich dahinspaziert, als Roger sich wandte: „Ist Gehen die einzige Art und Weise, wie man hier herumkommt?" fragte er. „ Nirgends sehe ich Straßen, und die Landschaft erstreckt sich doch meilenweit."

„Sie erstreckt sich tatsächlich meilenweit", antwortete ich; „ Tausende von Meilen. Worauf du hinaus willst, Roger, ist natürlich: Wo sind die Transportmittel und welcher Art sind sie? Die Antwort ist die, daß jeder von uns sein eigenes Transportmittel mit sich herumträgt, das leistungsfähigste und schnellste im ganzen Universum. Jedenfalls neben dem Gehen. Bis jetzt haben wir ja nur unsere zwei Beine benutzt, seit wir dich hierher gebracht haben, aber offensichtlich ist jetzt die Zeit gekommen, wo wir dir etwas von dem, was wir hier wirklich tun können, zeigen müssen.

Die Fortbewegung des einzelnen geschieht durch einen Denkvorgang, und das ist ganz leicht, wenn man es mal gezeigt bekommen hat; dann wird es einem zur zweiten Natur. Es mag wie ein Widerspruch in sich klingen, aber der Denkvorgang der Fortbewegung erfordert kaum ein Nachdenken, wenn man sich mal daran gewöhnt hat. Kannst du dich daran erinnern, wann du auf der Erde angefangen hast, gehen zu lernen, Roger?"

„Nein, wirklich nicht."

„Es gibt wohl nicht viele, die sich daran erinnern können. Aber es hat einmal einen Zeitpunkt gegeben, wo du dich mit Erfolg aufrecht halten konntest, ohne umzupurzeln. Seitdem bist du viele Meilen auf der Erde gegangen, und einige Strecken auch schon hier. Denkst du jemals darüber nach?

Nehmen wir an, du sitzt auf einem Stuhl und willst aufstehen und das Zimmer durchqueren; du stehst einfach auf und gehst, ohne an all die Muskeln zu denken, die gesteuert werden müssen, um die Glieder in Bewegung zu setzen. Du tust das alles, ohne zu denken — obwohl irgendwo ein gewisses Denken sich offensichtlich abspielen muß, sonst würdest du fest sitzen bleiben, wo du bist. Welche spezielle Richtung nimmt dann das Denken? Daß man gehen muß, oder daß man aufstehen will, oder daß man den Raum durchqueren will, oder alles drei? Darauf kommt es nicht an. Im Grunde geht es um den Wunsch, das Zimmer zu durchqueren — das andere Ende des Zimmers ist das Ziel. Und das ist alles, woran du hierzulande zu denken brauchst, wenn du den Denkvorgang benutzt, um dich fortzubewegen.

Anfangs mußt du dich wirklich bewußt bemühen; du mußt daran denken. Ein bißchen Praxis, und du stellst fest: Kaum denkst du es, und schon bist du dort, wo du sein willst. Klingt ziemlich phantastisch, oder?"

„Ein bißchen schon."

„Das sind die Dinge, über die sich Skeptiker auf Erden lustig machen und die sie überhaupt für lächerlich erklären. Was für ein herrlicher Witz, und dann brüllendes Gelächter. Diese Leute sollten mal ihre Bibel hernehmen und ein bißchen besser studieren und dann ihren Verstand einsetzen bei dem, was sie da lesen.

Viel von dem, was wir hier tun, ist eine ständige Quelle des Spottes bei den Inkarnierten, Roger. Da sie die Erde als Maßstab für alles nehmen, selbst für das Leben, können sie sich nichts Besseres oder auch nur anderes vorstellen. Natürlich betrachten sie den ‚Himmel' als einen Ort oder Zustand der Vollkommenheit, aber Vollkommenheit von was — das wissen sie nicht und können es sich nicht vorstellen. Ich würde solchen Menschen ernsthaft sagen, sie sollten nicht unsere geistige Welt und unsere Lebensweise mit Verachtung abtun, solange sie nicht bereit sind, für Besseres zu sorgen. Wenn es irgendein Charakteristikum oder einen Faktor oder ein Gesetz gibt, an dem sie etwas auszusetzen haben, dann sollen sie sogleich etwas Besseres oder Feineres oder Vernünftigeres vorschlagen, und wir alle hier in der geistigen Welt werden gern zuhören und uns darum kümmern, daß ihre Vorschläge an die richtige Stelle gelangen.

Wir brauchen uns natürlich nicht allzu sehr Sorgen machen um diese Leute. Wenn da etwas ist, was sie mißbilligen, wenn sie hierher kommen, steht es ihnen ja frei, fortzugehen, sich zu entfernen und uns den Genuß unserer eigenen Lebensweise zu lassen, während sie sich woandershin begeben und dort ihre eigene öde Leere schaffen — und darin leben."

Meine beiden Begleiter zwinkerten so fröhlich, daß ich einfach lachen mußte.

„Weißt du, Roger," sagte Ruth, „Monsignore hat ganz entschiedene Ansichten zu manchen Themen. Er fand, als er Priester war, allseitige

Aufmerksamkeit, und seit er hier ist, ist es ihm wieder so ergangen – in ganz anderer Weise. Er weiß, wie schwer es ist, die Menschen dazu zu kriegen, alte und falsche Glaubensansichten abzuschütteln zugunsten der Wahrheit, und das setzt ihm richtig zu. Das ist vielleicht eine der Strafen dafür, wenn man es so nennen kann, daß er in so naher Verbindung mit der Erde ist. Ich bin das ja nicht, wenn ich auch gelegentlich zusammen mit Monsignore ihr einen Besuch abstatte, einfach um die Vorgänge zu beobachten und unsere Freunde dort zu grüßen."

„Gedanken, Roger, sind sehr real", fuhr sie fort; „sie können uns von der Erde aus so leicht und sicher erreichen, wie Gedanken uns hier untereinander erreichen. Und unsere können auch zu den Erdenmenschen gehen, wenn diese das auch nicht immer bemerken."

„Das erklärt vielleicht die Gefühle, die ich bis jetzt hatte. Ich weiß nicht, wie ich es beschreiben soll, aber es scheint da etwas zu geben wie ein Ziehen, wenn Sie mich verstehen – eine Art Drang, wohin zu gehen – ja –, aber ich weiß nicht, wohin. Das ist alles so schrecklich vage. Ich bin mir so merkwürdig vorgekommen – nicht krank, aber so unruhig, meine ich."

„Armer Roger", sagte Ruth; „ich glaube, wir können deine ‚Krankheit' ohne große Mühe diagnostizieren. Deine Schwierigkeiten werden von Freunden oder Verwandten verursacht, oder beiden vielleicht, die einige kummervolle Gedanken aussenden. Es ist ja ganz natürlich, daß sie traurig sind, weil du sie verlassen hast, wenn auch ihre Trauer nicht sehr tief geht, sonst hättest du sie nachhaltig selbst verspürt, und das wäre dann unangenehm gewesen. Ich glaube nicht, daß dies Gefühl stärker werden wird, aber sollte das der Fall sein, sag es uns, Roger; wir helfen dir dann, es aufzulösen. Du empfindest selbst kein persönliches Bedauern in irgendeinem Punkt?"

„Nicht im geringsten, Ruth, vielen Dank."

„Gut, das ist schon mal eine große Hilfe."

„Wir scheinen ein bißchen von Rogers Frage abgeschweift zu sein. Erinnerst du dich, Ruth, wie wir kurz nach unserem Eintreffen hier die wunderliche Vorstellung von ‚engelhaften Wesen' mit Flügeln besprachen? Merkwürdige Idee, Roger, oder? Das Einzige, was man sich vorstellen kann, ist dies: vor langer Zeit müssen sich die Menschen, besonders Maler, gefragt haben, wie ‚Engel' sich fortbewegen können. Beine wären ja wohl grotesk, kämen nicht in Frage, weil sie viel zu weltlich wären – ich meine fürs Umherwandern. Wenn man aber die Benutzung der Beine ausschließt, was bleibt dann noch? Nichts, soweit ich sehen kann, und so ist wohl den Malern die Idee eingefallen.

Engel müssen sich ja doch bewegen können; sie können nicht für alle Ewigkeit auf einem Fleck festgenagelt sein. Das hat dann wohl so ein Genie darauf gebracht, riesige Flügel für alle Bewohner der geistigen Welt zu erfinden. Ich glaube, selbst Satan hat man mit einem Paar bedacht, da es für ihn natürlich besonders wichtig war, äußerst beweglich zu sein, so daß er bequem und schnell herumkommen konnte, der er ‚den Verderb aller Seelen erstrebt‘, wie es in einem Gebet so hübsch heißt.

Kannst du dir etwas Plumperes und Schwerfälligeres vorstellen als ein riesiges Paar Flügel, irgendwo in der Gegend der Schulterblätter festgemacht?"

„Ich könnte mir vorstellen", meinte Roger, „daß ein großer Schwarm Engel fürchterlich viel Wind beim Fliegen erzeugt."

„Roger, ich muß leider sagen, du bist sehr unehrerbietig, wenn du eine große Zahl von Engeln als Schwarm bezeichnest."

„Na, was wären sie dann?"

„Das weiß ich wirklich nicht; es ist nicht leicht, ein Wort für etwas zu finden, das es nicht gibt — außer vielleicht in der Dichtung. Aber du denkst wirklich sehr praktisch, wenn du sagst, daß eine große Ansammlung — ein etwas eleganteres Wort, Roger, als Schwarm — die atmosphärischen Verhältnisse stören würde, und daran haben die Künstler überhaupt nicht gedacht. Es ist erstaunlich, wie diese Idee sogleich Anklang fand und bis auf den heutigen Tag weiter besteht. Die übliche Art, ein Wesen von dieser Welt darzustellen — uns betrachtet man ja immer noch nicht als menschlich, nur halbmenschlich —, ist mit zwei großen Flügeln. Selbst symbolisch gesehen ist das eine ziemlich armselige Idee. Als Mittel persönlicher Fortbewegung wären Flügel zwecklos, eine Unmöglichkeit, und wir wären hier anatomische Monstrositäten. Wir sind offensichtlich für solche Vorrichtungen nicht gebaut — trotz der vielen wunderbaren Dinge in der geistigen Welt.

Da Engel mit ihren phantastischen Flügeln wieder eine der vielen außerordentlichen irrigen Beurteilungen des wahren Sachverhalts im Geisterland sind, braucht man sich wirklich nicht zu wundern, daß angesichts all dieser Verfälschungen die Menschen auf der Erde uns letztes Endes als untermenschlich ansehen. Je höher wir uns spirituell entwickeln, desto weniger menschlich werden wir, so scheint es, und desto düsterer. Hat einer von euch beiden jemals das Bild eines Engels gesehen oder eine Skulptur, besonders auf einem Friedhof, wo der Künstler dem

Gesicht seines Kunstwerks ein Lächeln gegeben hat? Lächeln ist eben nicht ‚himmlisch' genug. Ist das nicht unsagbar schrecklich? Roger, bist du nicht froh, daß die Dinge so sind, wie sie sind, und nicht etwa wie sie vielleicht wären, wenn man gewissen Leuten freie Hand ließe?"

„Das möchte ich meinen", sagte der junge Mann zustimmend.

„Da kann man nur noch laut Amen sagen!" rief Ruth aus.

„Sonst müßten wir", fügte ich hinzu, „alle Türen höher machen, um genügend Platz für die Flügel zu haben. Die Wahrheit, Roger, ist besser als Erdichtetes — in diesem Fall, und die Wahrheit über die Fortbewegung in diesen Gefilden durch zielgerichtetes Denken ist das Einfachste und Beste. Wie wär's, wenn du es versuchst?"

„Was muß ich tun?"

„Nur ein bißchen denken. Du brauchst dich nicht aufzuregen. Jeder muß das mal probieren. Ruth und ich waren begeistert über die Resultate, als wir es zum ersten Mal fertigbrachten, und bei dir wird es genauso sein."

Wir saßen damals im Gras, und ich schlug vor, daß Roger den Wunsch haben sollte, bei einem Baum zu sein, den wir sehen konnten — etwa 400 m entfernt.

„Du brauchst keine riesige Willensanstrengung zu machen, alter Knabe", sagte ich; „denke einfach ganz fest, daß du unter dem Baum dort drüben sein möchtest — oder wo immer du gern sein möchtest. Ich schlage den Baum nur vor, weil er nicht so weit weg ist und du uns leicht von dort aus sehen kannst. Da ein guter Start schon die halbe Reise ist, werden Ruth und ich einen Gedanken zusammen mit dir aussenden. Also — auf geht's!"

Natürlich entschwand er jetzt von uns — wir wußten ja, daß es so sein würde —, und wir sahen ihn unter dem fernen Baum, von wo er uns zuwinkte. Wir winkten zurück und kamen dann zu ihm.

„Na, hast du die Reise genossen, Roger?" fragte Ruth.

Der junge Mann lachte. „Da gab es nicht viel zu genießen; einen Augenblick war ich da, den nächsten hier. Aber trotzdem ist es einfach herrlich! Das läßt sich nicht bestreiten. Was für ein wunderbares Gefühl der Unabhängigkeit einem das gibt! Wie gern wäre ich damals auf der Erde in der Lage gewesen, das zu tun. Du liebe Zeit, Mutter hätte sich ja zu Tode entsetzt."

„Ja, auf Erden wäre so etwas möglich und doch wieder unmöglich. Es würde das Leben dort revolutionieren. Hier ist es einfach ein Teil des Lebens, und das war immer so, seit es eine geistige Welt gibt."

„Da fällt mir etwas ein", sagte Roger. „Wäre es möglich, daß ich mich irgendwo verirre? Ich meine, angenommen, ich verliere die Verbindung mit Ihnen oder Ruth, was dann?"

„Du meinst", antwortete ich, „angenommen Ruth oder ich brächten dich irgendeinen Fleck weit weg von dieser Örtlichkeit und verschwänden dann und überließen dich dir selbst?"

„Ja, genau das."

„Dann, Roger, würdest du dir selbst sehr gut aus der Schwierigkeit helfen. Sei aber nicht beunruhigt! Es würde uns nicht im Traum einfallen, dich auf einer Türschwelle, sozusagen, zurückzulassen und es dann jemand anders überlassen, dich aufzufinden.

Genau das nämlich würde passieren. Stell dir mal für einen Augenblick vor, du könntest in deinen Gedanken keinerlei Erinnerung an unser Haus heraufbeschwören — da gibt es aber doch immer noch die Verbindung zwischen uns — uns dreien! Und wenn der schlimmste Extremfall einträte, würdest du doch nur deine Gedanken entweder auf Ruth oder auf mich konzentrieren müssen, und du würdest eine sofortige Reaktion sehen und spüren. So daß du, ganz gleich wo wir gerade wären, zu uns kommen könntest. Ich sage: kommen könntest, aber daraus folgt keineswegs, daß du es tun würdest, weil wir dich eventuell daran hindern würden — oder jemanden zu dir schicken, der es täte. Nicht wahr, mein Lieber, Ruth und ich dringen manchmal in gewisse sehr unerfreuliche Teile der geistigen Welt vor — Orte, die wir dir gegenüber noch nicht erwähnt haben, und es wäre nicht gut für dich, wenn du dahin kämst.

Wo Ruth und ich auch immer sein könnten, du wärst mit uns immer in Gedanken in Verbindung. Aber natürlich hast du unser Haus nicht vergessen, seine Einrichtung, seine Umgebung, so daß das Problem gar nicht entstehen kann. Einfach um der Argumentation willen: wenn du tatsächlich alles vergäßest, dann gibt es doch noch das Haus von Radiant Wing und seine großartige Familie. Es kann gar nicht anders sein, als daß du dich an all das erinnerst, was wir dort gesehen haben, und so hättest du diesen Zufluchtsort, falls dein Gedächtnis versagte, und er würde sich um dich kümmern.

Aber es gibt noch etwas zu bedenken, wenn wir es auch bisher vielleicht nicht besonders erwähnt haben, und das ist die Unmöglichkeit eines versagenden Gedächtnisses. Damit ist dein Problem endgültig und vollständig gelöst. Du hast unser Haus und alles, was dazu gehört, *nicht* vergessen, oder?"

„Nein, wirklich nicht. Ich hab es alles sehr klar in meinem Kopf."

„Genauso ist es, und so wird es immer sein. Du kannst nicht vergessen, weil das Gedächtnis selbst absolut verläßlich ist in seinem Wirken. Ich weiß, man kann sich alle möglichen schwierigen und verwirrenden Dinge ähnlicher Art vorstellen, aber sie entbehren jeglicher Grundlage und können gar nicht anders sein. Zum Beispiel sein Selbst verlieren: unmöglich; dies oder jenes vergessen: ebenso unmöglich.

Du hast vorhin von einem Transportsystem gesprochen, Roger, und dabei zweifellos an die üblichen irdischen Dienste und Einrichtungen gedacht: Züge, Busse, Autos usw. Wie du siehst, brauchen wir nichts dergleichen für unser Weiterkommen in diesen Gefilden.“

„Ja, aber angenommen, Sie wollen umziehen. Wie transportieren Sie das Zeug?“

„Nun, wir hätten keine großen Schwierigkeiten — tatsächlich überhaupt keine Schwierigkeiten, das zu transportieren. Wir sind hier vielleicht keine Riesen, Roger, aber Kräfte haben wir schon — und wir benutzen sie auch, wenn es erforderlich ist. Wir drei könnten miteinander alle Möbel in unserem Haus mit der größten Leichtigkeit transportieren und wären hinterher keineswegs abgekämpft. Wir hätten keine Blasen an den Händen und keinen überstrapazierten Rücken! Wir könnten den gesamten Inhalt unseres Hauses ein dutzendmal nacheinander umziehen, während die Erdenmenschen überhaupt nur darüber nachdächten — und das ohne viel Wirbel und Bruchschäden!

Wir ziehen wirklich um, wenn wir meinen, wir würden lieber in einem anderen Teil dieser Reiche wohnen. Wir sind keineswegs an einen Fleck gebunden und durchaus in der Lage, ohne große Formalitäten umzuziehen. Tatsache ist freilich, daß wir, wenn wir einmal einen Fleck ausgewählt haben, an dem wir unsere Bleibe haben wollen, daß wir dann meistens auch dort bleiben — zumindest bis zu dem Augenblick, wo wir dieses Reich überhaupt verlassen. Aber wir werden nicht muffig, sozusagen, oder unserer Umgebung überdrüssig — aus dem einfachen Grunde, daß ständig irgendwelche Veränderungen vor sich gehen, große oder kleine, durch die die Umgebung unserer Behausungen anders oder schöner gestaltet wird. Zum Beispiel ist unser Haus, so wie du es jetzt siehst, nicht genau so, wie es bei meinem Eintreffen hier war. Angesichts unserer verschiedenen Aktivitäten dachten wir, wir würden es gern vergrößern, um es bequemer zu haben. Und so ließen wir einen Anbau errichten — den ziemlich großen Raum, den wir dir gezeigt haben, mit den Gobelins an den Wänden, dem großen Tisch und Stühlen rings herum — etwas im Stil der Halle in den alten Herrenhäusern auf der Erde — und eben auch in der geistigen Welt. Das war eine Veränderung. Die Gärten sind immer wieder umgestaltet worden. Das allein ist eine herrliche Beschäftigung, ausgeführt von wahren Künstlern in Gartenbau und Gartengestaltung. Du siehst also, der Transport von Hab und Gut ist bei uns kein Problem; wir brauchen keine großen oder kleinen Lastwagen. Ein einzelner kann mit seinen Kräften das größte Möbel bewegen, weil alle Dinge in dieser Welt, einfach alles, von Leben erfüllt ist. So etwas wie träge Materie gibt es hier nicht, wie ich dir schon gesagt habe. Wir könnten zusammen den gesamten Inhalt unseres Hauses — oder jedes anderen Hauses — ohne die geringste Mühe transportieren.

Sag, Roger, würdest du jetzt gern die Stadt mit eigenen Augen besichtigen? Du hast sie bis jetzt ja nur von unserem Haus aus gesehen. Los — gehen wir zu Fuß? Oder anders? Also auf jeden Fall anders. "

7

Die Stadt

„Niemand scheint es eilig zu haben," bemerkte Roger.

„Weil eben niemand in Eile ist."

„Ach ja, natürlich! Der Gedanke ist mir noch nie gekommen!"

„Ganz recht."

„Wenn irgendwie die Notwendigkeit besteht, sich zu beeilen, kann man ja so schnell wie ein Gedanke ‚dort' sein. Wenn keine Notwendigkeit besteht, gibt es auch keine Eile."

Wir hatten die Umgebung der Stadt erreicht und befanden uns auf einer Erhebung, die hoch genug war, um dem jungen Mann mit einem umfassenden Ausblick eine großartige Übersicht über die ‚Metropole' zu geben. Von unserem Standpunkt aus konnte er die vielen stattlichen Gebäude sehen, jedes von Gärten und Teichen umgeben und wie die Speichen eines Rades von einem großartigen Zentralbau ausgehend. Er stellte fest, daß es keine eigentlichen Straßen gab, sondern stattdessen breite Passagen, gepflastert sozusagen mit wundervollem Gras.

Auf die Kuppel des Zentralgebäudes sah er einen hellen Strahl reinen Lichtes herunterkommen und fragte, was das sei.

„In diesem Kuppelbau, Roger", sagten wir ihm, „treffen wir uns bei den formelleren Anlässen, um die großen Persönlichkeiten aus den höheren Reichen zu begrüßen. Es ist nicht eigentlich ein Tempel, obwohl man das mangels einer besseren Bezeichnung sagen könnte. Es ist auch kein spezieller Ort der Anbetung, als was man ihn auf Erden ansehen würde. Wir halten hier keine Gottesdienste ab. Wenn wir uns hier versammeln, um diesen hohen Besuchern zu begegnen, dauert die ganze Zusammenkunft nie sehr lange. Diese Besuche sind in der Regel kurz, wenn wir auch natürlich eine kleine Weile gemütlich schon dasitzen, bevor die Besucher eintreffen, und nach ihrem Weggang ein bißchen sitzen bleiben. Aber so kurz wie der ganze Vorgang ist, wird doch alles Notwendige in der kurzen Zeit vollbracht. Für Unwesentliches oder gar nutzlose Formalien wird keine Zeit vergeudet. Der helle Strahl, den du auf die Kuppel herunterkommen siehst, ist immer da."

„Das muß ja ein ungeheuer starkes Licht sein, daß man es am hellen Tage sehen kann."

„Es ist wirklich ein starkes Licht, ganz ohne Zweifel, und wenn man die Quelle bedenkt, aus der es kommt, ist das nicht überraschend. Es kommt aus der Großen Quelle Aller Dinge, lieber Roger. Und doch blendet einen das Licht nicht, oder?"

„Als wir das erste Mal mit dir über die Stadt sprachen, hast du kaum etwas Derartiges erwartet, Roger, nicht?" fragte Ruth, „aber das ist ja eine ziemlich dumme Frage," fuhr sie fort, „denn du hast ja überhaupt nichts Besonderes erwartet — wie so viele andere."

„Ich weiß nicht recht, was ich wirklich erwartete. Ich hatte wohl etwas einer irdischen Stadt Vergleichbares im Sinn."

„Das Geheimnis liegt darin, daß hier bei uns alles viel einfacher ist, als es auf Erden je sein kann — es sei denn, die Erde ändert ihre allgemeine Lebensweise radikal. Denk doch nur, Roger, an die Zehntausende von Dingen, die wir hier nicht benötigen. In einem mußevollen Augenblick könntest du eine so große Liste von Waren zusammenstellen, die für das Leben in der geistigen Welt nicht erforderlich sind, daß sie die Ausmaße eines Versandhauskatalogs erreichen würde.

Denk doch mal nach. Fang mit Haushaltseinrichtungen an. Lebensmittel zum Beispiel. Wir brauchen sie nicht; das bedeutet also, daß eine riesige Industrie überflüssig wird, die all die verschiedenen Abteilungen von Essen und Trinken umfaßt und all die Gefäße und Geräte, Lebensmittel herzustellen, Speisen zu kochen und zu servieren. Unsere Kleidung wird uns durch die Wirksamkeit eines Naturgesetzes gegeben — eine weitere riesige Industrie wird so entbehrlich.

Das Transportsystem hast du hier ja schon gesehen!"

„Glänzt durch Abwesenheit."

„Genau das. Und dann denke an all die Gewerbe und Berufe, die hierzulande kein Gegenstück oder Äquivalent haben."

„Beerdigungsinstitute, zum Beispiel", meinte Roger lachend.

„Oder Politiker," fügte Ruth hinzu.

„Vergiß auch nicht die Priester und Pfarrer — sogar Bischöfe", sagte ich. „Vielleicht wäre es besser, nicht zu sehr in Einzelheiten zu gehen. Die Leichenbestatter jedenfalls haben hier eine angenehmere Betätigung und die Politiker eine nützlichere!"

„Wie du siehst, Roger, Geschäfte gibt es hier auch nicht", stellte Ruth fest, „weil es hier eben keinerlei Handel gibt."

„Was tut man dann aber, wenn man irgend etwas möchte?"

„Was zum Beispiel?"

„Tja --" Er dachte einen Augenblick nach. „Mir fällt offenbar gar nichts ein", sagte er dann und war selbst mehr überrascht als Ruth und ich. Wir lachten.

„Recht merkwürdig, Roger, nicht wahr? Du hast offenbar keine Wünsche. Die Kleider, die du anhast, sind die, in denen du hier ankamst. Übrigens, wann immer du meinst, du würdest gern deine eigentlichen geistigen Kleider anlegen, dann kannst du das sogleich tun. So wie du jetzt gekleidet bist, weiß jeder hier, daß du ein Neuankömmling bist. Wenn du als ‚erfahrener Bewohner' erscheinen möchtest, so wie Ruth und ich, mußt du die alten Kleider ablegen und die neuen anziehen. So gibt es also zumindest *eine* Sache, die du würdest haben wollen – geistige Kleider, um diese Umstellung vorzunehmen."

„Wenn es keine Geschäfte oder Schneider gibt, was macht man da?"

„Nichts oder jedenfalls sehr wenig. Du würdest die alte Gewandung gern ablegen, Roger?"

„Ja, sehr sogar."

„Dann tu's, mein Lieber."

„Ja, aber wie?"

„Wir können dir leider nicht sagen, wie es vor sich geht, aber schau dich doch selbst an, Roger! Deine Augen waren bis jetzt auf die Aussicht vor dir gerichtet. Schau jetzt mal ein bißchen mehr zu dir hin!"

Der Junge tat es und wàr erstaunt, festzustellen, daß an die Stelle seiner alten irdischen Kleider ein helles geistiges Gewand getreten war, füllig und doch frei schwingend und ganz und gar im Einklang mit der Umgebung. Ruth und ich taten dasselbe, und zum ersten Mal sah Roger uns in geistiger Gewandung.

„Jetzt kannst du sehen, Roger, wie wir in deinem Schlafzimmer erschienen wären, wenn wir nicht unsere frühere Erdenkleidung wieder angelegt hätten. Es hätte dich doch vielleicht erschrecken können."

„Ganz sicher," sagte er. Er hob eine Falte seines Gewandes hoch und untersuchte sie genau; von Menschenhand schien sie nicht gemacht zu sein, bemerkte er.

„Ja, Roger; Hände waren an der Schaffung dieser Kleider nicht beteiligt, aber Ruth und ich müssen dir ganz ehrlich sagen, daß wir nicht wissen, welcher natürliche Vorgang bei der Herstellung zum Zuge kommt. Es gibt viele Dinge, die wir erst noch kennenlernen müssen, und so nehmen wir die Dinge, wie wir sie antreffen. Hast du, als du auf der Erde warst, versucht, jedes irdische Etwas, das dir auf deinem Lebensweg begegnete, zu analysieren und herauszufinden, wie es gemacht war, und dazu die hundert Gründe und Ursachen für seine Existenz? Ganz sicher nicht – Ruth und ich ja auch nicht. Es gibt keinen Grund, warum wir eingehende Untersuchungen der Existenz all der vielen Dinge anstellen sollten, die Teil unseres täglichen Lebens sind. Es ist durchaus problematisch, ob wir, wenn wir das alles wüßten, besser dran wären.

Unsere geistigen Gewänder sind freilich etwas ganz Besonderes. Siehst du das große Gebäude etwas mehr rechts von uns? Es heißt die ‚Halle der Stoffe‘. Dort kannst du Tausende von ganz wundervollen Stoffen und Tuchen anschauen; einige stellen Stoffe dar, die es in allen Teilen der Erde im Verlauf vieler hundert Jahre gegeben hat, andere sind Stoffarten, die allein der geistigen Welt zugehörig sind, in Dessin sowohl wie in Webart.

Du hast doch die Gobelins gesehen, die an den Wänden unseres Hauses hängen. Ruth hat sie selbst angefertigt in dieser Halle der Stoffe. Als wir zum ersten Mal in der Halle herumgeführt wurden, sah Ruth zahlreiche glückliche Leute Gobelins weben und war sofort gepackt von dieser Idee. Seitdem ist sie in dieser Kunst eine Expertin geworden, wie du zu Hause gesehen hast.“

„Das war nichts Besonderes“, sagte Ruth; „du könntest das auch, Roger, wenn du Lust dazu hättest. Es ist eine der Hauptaufgaben dieser Stellen, einen zu lehren, alle möglichen verschiedenen Dinge wirklich fachmännisch zu tun.“

„Die Halle der Stoffe kann dich freilich nicht mit geistiger Kleidung beliefern, Roger“, sagte ich.

„Ich komme mir schrecklich unwissend vor, wenn ich all diese von Wissen überquellenden ‚Hallen‘ sehe.“

„Laß dies Gefühl einfach nicht zu, mein Lieber. Schließlich kann man, wenn es darum geht, fast genau das gleiche Gefühl erleben, wenn man vor einigen Dutzend Bänden einer Enzyklopädie steht. Wir werden ja nicht mit einer Riesenmenge von Wissen, noch dazu griffbereit, geboren. Ruth und ich haben dasselbe empfunden, als man uns all diese Wunder des Wissens zeigte – und so ergeht es einem jeden. Wir sitzen doch alle im selben Boot, Roger; wir können also alle miteinander hübsch unwissend sein!“

„Ich muß sagen, die Leute scheinen deswegen aber gar nicht unglücklich zu sein.“

„Diese Hallen des Wissens widmen sich zumeist dem, was man auf Erden die Schönen Künste nennt“, erläuterte ich; „damit meine ich

Malerei, Musik, Literatur usw. Großes Gewicht wird hierzulande darauf gelegt. Natürlich gibt es noch viele andere. Auf der Erde werden die Künste mehr als ein Anhängsel im Leben angesehen und nicht als etwas Notwendiges. Man könnte dort ohne sie auskommen, obwohl die Erde dann noch eintöniger wäre, als sie es schon ist. Hier sind sie höchst wichtig und finden einen großen Anwendungsbereich. Als erstes wäre zu sagen: Da wir all diese Industrien nicht brauchen, die wir eben aufgezählt haben, gibt es dementsprechend freie Möglichkeiten für andere weit erfreulichere Betätigungen.

Etwas gibt es, Roger, das du hier bei den Schönen Künsten nicht erleben wirst, und das sind musikalische Ungeheuerlichkeiten und Kunst-Scheußlichkeiten, die als Kunstwerke posieren. Man hat sie nicht etwa hinausgeworfen — sie wurden gar nicht zugelassen und werden es auch nie. Hier gibt es keine Pseudokunst, lieber Roger. ‚Laßt fahren allen Schein, die ihr hier eintretet!‘“

„Was muß einer denn machen, Monsignore, um in einer dieser Hallen angenommen zu werden?“

„Na, du gehst einfach durch den Haupteingang und hast dann bestimmt keine Zweifel. Man wird dich mit der größten Herzlichkeit begrüßen und dich dann in das Studium dessen einführen, was dich besonders interessiert. So etwa hat Ruth angefangen mit ihrem Gobelinweben. Sie fragte, ob sie sich den anderen anschließen und in dieser Kunst unterrichtet werden könnte, und sogleich, ohne jegliche Formalitäten, hat sie es dann getan.“

„Und war in meinem ganzen Leben nie so glücklich“, schaltete Ruth sich ein. „Reizende Leute, geduldig und freundlich, besonders wenn man zwei linke Hände hat, wie das bei mir anfangs der Fall war. Monsignore hat ungeheuer viel Zeit damit verbracht, in den Büchern der Zentralbibliothek zu schmökern. Das ist ein schrecklicher Ort, wenn man mal an so etwas interessiert ist: Millionen von Büchern gibt es da zu jedem Thema unter der Sonne. Hast du schon jemals versucht, Roger, irgendwas in einer Enzyklopädie nachzuschlagen, vor allem in einer, die gute Abbildungen hat?“

„Und ob! Eine hoffnungslose Sache — man vertrödelt so viel Zeit dabei!“ „Dann kannst du dir vorstellen, wie es hier in der Bibliothek ist. Wenn Monsignore in diesen Regionen mal als vermißt gemeldet würde, dann ist das die erste Stelle, wo der Suchtrupp nachsehen würde.“

„Gehen wir mal näher hin und schauen uns die Gebäude an“, schlug ich vor.

„Dürfen wir hineingehen, wie es uns paßt?"

„Ja, wie es uns paßt, Roger. Passierscheine sind nicht erforderlich, es gibt keine Öffnungszeiten — die Gebäude sind den ganzen Tag offen, was ja auch nicht schwierig ist, da wir hier gar keine Nacht haben."

„Sind dieselben Leute dann die ganze Zeit im Dienst?"

„O, nein, mein Lieber, das wäre ja so etwas wie ewige Arbeit statt ,ewiger Ruhe'. Man könnte wahrheitsgemäß sagen, daß die Arbeit ewig ist, aber es werden nicht dieselben Leute damit befaßt in einer ewigen Folge ohne Pause für den einzelnen. Wir kennen ja die Trennung in Tag und Nacht nicht, aber die Arbeit ist sorgfältig aufgeteilt unter den Mitarbeitergruppen, so daß sie ihre Zeiten der Abwechslung und Erholung haben können — und jeder ist vollkommen zufrieden."

Roger machte die Bemerkung, daß die Gebäude nicht sehr hoch seien, mit den üblichen irdischen Maßstäben beurteilt.

„Ja, stimmt. Zwei Stockwerke mittlerer Höhe genügen hier, da es Probleme der Raumbeschränkung nicht gibt. Wir brauchen nicht in die Höhe zu bauen, denn wir haben unbegrenzten Raum, uns auszubreiten. Das Ergebnis ist, das wirst du zugeben, hervorragend."

Roger brachte sein uneingeschränktes Entzücken zum Ausdruck über die so reizvolle Schönheit all des hier Geschaffenen: die breiten Passagen mit ihrem herrlichen Gras, die vielen Blumenbeete und Bäume, die Teiche mit kristallklarem Wasser, die einen großartigen Rahmen bildeten für die vielen schönen Gebäude, aus denen die Stadt bestand.

„Kommt es dir nicht äußerst seltsam vor, Roger, daß all diese Schönheit, diese überragende Schönheit von so vielen Unwissenden auf der Erde verhöhnt wird? Versinkt die Erde nicht in so etwas wie schäbige Unbedeutsamkeit gegenüber all dieser Herrlichkeit? Und doch betrachten die Erdenmenschen, jedenfalls sehr viele unter ihnen, ihre Welt als *die* Welt, nach der alles beurteilt oder eingeschätzt wird. Die rauchgeschwängerten, schmutzigen Städte auf der Erde werden als Maßstab genommen, und diese wunderschöne Stadt wird von ihnen mit so etwas wie Verachtung, wenn nicht sogar Verspottung behandelt."

Ruth und ich erläuterten gemeinsam die Zwecke, denen die verschiedenen Hallen dienten, und schließlich sprach Roger den Wunsch aus, das Innere der Halle der Technik, zu der auch die chemische Forschung gehört, näher kennenzulernen. Wir gingen hinein und wurden von dem Mann begrüßt, der für die Tausenden hier ständig durchgeführten Aktivitäten die Verantwortung hat.

„Ach, Monsignore", sagte er, „und Ruth auch — das ist eine Freude!

Wir haben euch schon lange nicht mehr gesehen. Was kann ich für euch tun?" Ich erklärte unser Anliegen und stellte ihm Roger vor.

„Du bist natürlich an die richtige Stelle gekommen, mein lieber Freund." Wir lächelten über diesen kleinen Scherz, ist es doch fast schon zur Tradition geworden, daß der jeweilige Verantwortliche für eine dieser großen Hallen unter ähnlichen Umständen immer genau dasselbe sagt – mit durchaus berechtigtem Stolz!

Von allen Hallen des Wissens betrifft diese der Technik und der Chemie gewidmete die Erde vielleicht am meisten, da eben hier so viele der irdischen Entdeckungen in Chemie und Technik ihren Ursprung haben. Viele neue Substanzen werden in der geistigen Welt erfunden, die später den Menschen auf der Erde zum Nutzen aller übermittelt werden. Als wir von Raum zu Raum gingen, konnten wir Chemiker und ihre Assistenten sehen, die mit einer Vielzahl von Substanzen experimentierten, die, wenn kombiniert, mit der Zeit ein gänzlich neues Produkt ergeben, das genau den vorgesehenen Zweck erfüllt. Man zeigte uns, wie durch Synthese genaue Äquivalente irdischer Materialien zusammengestellt wurden, da es ja keinerlei Nutzen hätte, eine neue Substanz aus rein geistiger Materie zu erfinden, die dann auf der Erde nicht angewendet würde, nicht angewendet werden könnte. Der Wissenschaftler auf Erden muß irdische Materialien benutzen, und der Wissenschaftler der geistigen Welt muß daher mit dem genauen Äquivalent arbeiten.

Es kommt oft vor, sagte uns unser Führer, daß ein kleiner Hinweis für einen irdischen Wissenschaftler ausreicht, ihn auf ein Dutzend weitere Entdeckungen zu bringen oder mehr. Womit die Wissenschaftler hier allein befaßt sind, das ist *die* Entdeckung, die den Anstoß gibt; in den meisten Fällen ergibt sich dann das Übrige.

Hier gab es auch neue Substanzen zur Verwendung als Baustoffe für Häuser oder große Gebäude und für viele andere Baulichkeiten. Neue Präparate waren in der Herstellung, die schließlich zu Textilien aller Art, leichten und schweren, verwandelt werden würden – zum Beispiel für Kleidung oder für Polstermöbel in Wohnhäusern.

In der Maschinenabteilung wurden alte Prinzipien in neuer Weise benutzt, um bessere, sicherere und geräumigere Transportmittel, die größeren Komfort bieten, zu schaffen.

Wir sahen viele Erfindungen aller Art – von einfachen Haushaltsgeräten bis zu großen Maschinen für diesen oder jenen industriellen Gebrauch.

Das Leben auf der Erde ist viel zu komplex geworden, und die Menschen verbringen viel zu viel Zeit im Verfolgen rein materieller Ziele, für gewöhnlich unter Vernachlässigung des Geistigen. Das Leben auf der Erde muß daher letzten Endes einfacher werden, und dabei wird es dann erfreulicher werden. Die geistige Welt hat viel, das sie der Erde zu diesem Zweck senden kann. Aber die Erdenwelt muß zuerst ihre Dinge in Ordnung bringen. Was so besonders wichtig ist: Die Erdenmenschen müssen lernen, ein für allemal den Krieg vom Antlitz der Erde zu verbannen; sie müssen lernen, all das, was ihnen für friedliche Zwecke zugesandt wird, nicht für böse Zwecke einzusetzen. In letzterem liegt Unglück — in ersterem liegt Glück.

Sache des Menschen ist es, seine Wahl zu treffen.

8

Wir besuchen eine ‚Kirche‘

Wir hatten die Stadt verlassen und gingen an einem Waldrand entlang, als Roger in die Ferne deutete und sagte: „Das sieht ja auffallend wie eine Kirche aus.“

„Das ist eine Kirche“, sagte Ruth, „freilich mit einem Unterschied.“

„Würdest du sie dir gerne anschauen?“ fragte ich, und da Roger das bejahte, schlugen wir diese Richtung ein.

Die fragliche ‚Kirche‘ sah ganz so aus wie ihr vertrautes ländliches Gegenstück auf Erden, vom Alter natürlich abgesehen. Der äußeren Form nach war sie alt, aber ohne die Spuren eines Verfalls aufzuweisen. Im Augenblick gab es für uns keine Veranlassung, dem jungen Mann zu sagen, daß Verfall, hervorgerufen durch die Elemente und die Zeit, ein Zustand ist, den es in der geistigen Welt nicht gibt. Wenn ein Gebäude hier so aussieht, als wäre es gestern errichtet worden, steht es vielleicht schon viele hundert Jahre.

Die ‚Kirche‘, die wir jetzt besuchten, war keine Ausnahme von dieser Regel. Tatsächlich gibt es, glaube ich, in der geistigen Welt keinerlei ‚Ausnahmen‘, die eine Regel bestätigen. Es gab jedoch andere Merkmale an dieser ‚Kirche‘, die Roger vielleicht entgangen wären, ohne daß er ihre volle Bedeutung erkannt hätte, und deshalb fragten wir ihn, als wir näherkamen, ob er etwas Ungewöhnliches an ihr sähe. Der junge Mann hatte ein scharfes Auge und erkannte schnell das Hauptmerkmal.

„Ja“, meinte er; „die ‚Kirche‘ kommt mir ganz vertraut vor, aber ihre Umgebung ist so ungewöhnlich, daß dadurch fast die ‚Kirche‘ selbst anders aussieht.“

„Gut gemacht, Roger“, sagte ich. „Du bist ja erst vor kurzem von der Erde gekommen, und so sind irdische Dinge dir sozusagen noch frisch in der Erinnerung. Du kannst Vergleiche mit größerer Präzision ziehen.

Die ‚Kirche‘, die du hier siehst, ist ein umfassendes Beispiel dessen, was auf Erden getan werden könnte, wenn man sich nur bemühte, die Kirchen in ihrem Äußeren zu Bauten von wirklicher Schönheit zu machen. Das Ganze hier wurde errichtet, die Baustoffe eingeschlossen, um zu zeigen, was selbst auf begrenztem Raum eigentlich getan werden kann. Wie du siehst, ist das Gelände rings um den Bau weit, ist aber trotzdem nicht voll ausgenutzt worden, um auf diese Weise soweit wie möglich die auf der Erde üblichen Verhältnisse zu wahren, wo der Platz ja gewöhnlich begrenzt ist."

Als wir näherkamen, sahen wir, daß eine niedrige Mauer unregelmäßig rings um den Kirchenbereich ging — als Nachahmung einer irdischen Situation, wo die Bodenrechte anderer eingreifen. Die Mauer war recht hübsch, und keineswegs zu schlicht und uninteressant. Wir gingen durch ein überdachtes Friedhofsportal einen breiten Weg entlang, der mit einer Mischsubstanz angelegt war, die den Anschein von Asphalt geben sollte, denn aus reinen Nützlichkeitserwägungen heraus wäre ein Grasweg unter dem Tritt vieler Füße bald kaputtgetreten worden — unsere Reproduktion mußte aber doch exakt sein.

Da Blumen hierzulande ständig blühen, mußten wir notgedrungen einen Kompromiß schließen zwischen dem, was den allgemeinen Eindruck des Sommers und den des Winters ergeben würde. Zu diesem Zweck wurden viele immergrüne Bäume und Sträucher verteilt, und die Blumen wurden so gepflanzt, daß gärtnerische Anachronismen für jedes einzelne Beet vermieden wurden. Einige Beete blieben leer, um so extreme Winterverhältnisse anzudeuten, wenn so gut wie keine blühenden Pflanzen draußen möglich sind.

Entlang der einen Seite des Geländes gab es einen Bach, dessen Verlauf ganz sorgfältig gerade angelegt war; seine Quelle war eine kleine Kaskade, während die Bachufer mit Blumen besetzt waren. Hier und da gab es Seerosenteiche; das Ganze war von vielen schönen Bäumen umstanden. In der Phantasie konnte man so die großen Möglichkeiten einer solchen Anlage auf der Erde sehen, wenn man dabei die unendlich größere Schönheit des Gegenstücks in der geistigen Welt berücksichtigte. Eine solche Anlage und deren Durchführung gibt es hier und könnte auf der Erde ebenso entstehen, wenn man die häßlichen und unnötigen Friedhöfe beseitigte, die man so oft rings um die Kirchengebäude sieht und die in England so oft, völlig vernachlässigt, nichts als eine Unkrautwildnis sind.

Roger bemerkte sofort das Fehlen eines Friedhofs, dem auf Erden ja so viel Wichtigkeit beigemessen wird; er konnte auch nichts entdecken, was eine Anschlagtafel hätte sein können.

„Ruth sagte dir ja, es gebe einen Unterschied — erinnerst du dich,

Roger? Unterschiede gibt es, drinnen wie draußen. In Wirklichkeit ist dies eine Kirche nur dem Namen und dem Äußeren nach – ein Beispiel dafür, was auf Erden getan werden könnte, wenn die Erdenmenschen im Sinn hätten, einige Änderungen vorzunehmen. Nur das Äußere, die Umgebung, bieten wir hier als Beispiel an, denn dies ist im irdischen Sinne kein ‚Gotteshaus‘. Mit anderen Worten, es werden hier keine Gottesdienste abgehalten; allerdings ist das, was drinnen vor sich geht, wertvoller als was jahraus, jahrein sich in so vielen irdischen Kirchen abspielt. Doch wollen wir diesen Gedankengang nicht weiter verfolgen… Gehen wir hinein. “

Das Gebäude war leer, als wir eintraten. Es handelte sich um einen mittelgroßen Bau in der Art einer Dorfkirche, und es war eben keine Kirche im strengen Sinne des Wortes, denn vieles fehlte, was sonst aufgefallen wäre; der Taufstein zum Beispiel und die Kanzel. Was Roger aber am meisten auffiel, das war das Fehlen eines Hochaltars.

Der Altarraum blieb unverändert, mit den üblichen Stufen bis zur obersten, wo es eine breite Fläche gab, auf der eine Anzahl schön gearbeiteter Stühle standen; der mittlere war noch etwas mehr geschmückt als die anderen. Darüber war ein schönes Lanzettbogenfenster mit wundervollem Farbglas. Statt der vertrauten religiösen Bilder stellte das Glas freundliche ländliche Szenen dar, wie man sie auf Gobelins und ähnlichem dargestellt findet.

An der Wand unmittelbar über den Stühlen waren zwei in Mosaik gearbeitete Inschriften nebeneinander. Sie erregten sofort Rogers Aufmerksamkeit, und so wandte er sich an mich mit der Frage: „Warum kommen diese zwei Lichtstrahlen herunter auf diese Inschriften?“

„Sie kommen gar nicht herunter, Roger; sie strahlen hinauf und hinaus.“ Roger las die lateinische Inschrift laut: *Gloria in excelsis Deo, et in terra pax hominibus bonae voluntatis.*

„Richtig, aber wenn du mir die Bemerkung verzeihst, deine Aussprache des Lateinischen ist furchtbar!“

„So hab’ ich es aber gelernt,“ lachte er.

„Natürlich, mein Lieber, ich ja auch, anfangs. Wieder ein Beispiel für den Kult des Scheußlichen auf der Erde, dessen Regel lautet: Wenn möglich, wähle immer das Häßliche!“

„Aber, aber, Monsignore, ganz so schlimm sind die Dinge doch nun auch wieder nicht.“

„Aber nicht sehr anders. Du weißt, was diese Worte bedeuten – wenn nicht, man hat sie passend übersetzt für dich: ‚*Ehre sei Gott in der Höhe und Friede auf Erden den Menschen, die guten Willens sind.'* Beachte den letzten Teil, Roger; er ist anders, als du ihn vielleicht auf der Erde gewohnt warst. Dies ist die bessere Übersetzung — sie hat so viel mehr Bedeutung. Frieden, mein Lieber, wird zu den Menschen der Erde niemals kommen, wenn da nicht zuerst der gute Wille ist. Wenn es universellen guten Willen gäbe, gäbe es auch universellen Frieden. Falls jemand das bezweifelt, möge es ausprobiert werden.

Das Licht, das du siehst, könnte in beide Richtungen strahlen, nicht wahr, aber so wie es ist, strahlt es hinauf. Und das kam so: Dies ganze Gebäude mit seinen Gartenanlagen wurde ursprünglich von Menschen errichtet, die hier wohnten, um als angenehmer Ort für den Empfang der zahlreichen Lehrer usw. zu dienen, die von Zeit zu Zeit aus den höheren Reichen kommen, um uns in vielfacher Weise zu helfen. Deshalb die Stühle dort, wo normalerweise der Altar stünde. Der leitende Besucher nimmt den mittleren Stuhl ein, wie du wohl erraten würdest, während seine Begleiter auf den anderen Platz nehmen.

Schau dich um, was siehst du? Oder besser, was siehst du nicht?" Roger wandte sich um: „Keine Gedenktafeln an den Wänden", zählte er auf, „keine religiösen Bilder, keine Tafeln für die Kirchenlieder, keine Kerzen oder anderer Schmuck. Es ist tatsächlich nur ein leeres Gehäuse einer Kirche, aber mit bequemen Stühlen statt harter Kirchenbänke."

Die Seitenfenster hatten ebenfalls Farbglas, und die einfallenden Lichtstrahlen erzeugten ganz zarte Regenbogenfarben, die sich trafen und vermischten.

„Die beiden Inschriften, die du gesehen hast, sind auf den ausdrücklichen Wunsch der Leute angebracht worden, die für das ganze Gebäude verantwortlich waren. Wie wir anderen hier haben sie eine gesunde Abscheu vor dem Krieg — der verabscheungswürdigsten Geißel, die je die Menschen der Erde befallen konnte. So überlegten sie sich, wie sie ihre allgemeine Besorgnis zum Ausdruck bringen könnten; schließlich verfielen sie auf den Plan, dies vertraute Zitat zu nehmen und es auf der Wand darzustellen — unmittelbar hinter und über den hohen Besuchern, wenn sie hier sitzen, und für jeden, der hereinkommt, voll sichtbar. Sie ließen es in Mosaik ganz hervorragend arbeiten, wie du siehst, in diesen hellen Farben und machten daraus mit ihren Gedanken ein immerwährendes Gebet. Das eben siehst du in jenem Licht aufsteigen, und nie läßt man es schwach oder kraftlos werden. Immer wirst du es hell und stark finden. Ein unendlich kleiner Tropfen, mein Lieber, in einem riesigen Ozean guter Gedanken — durchaus kraftvoll auf seine Weise, wenn auch nicht kraftvoll genug, um Kriege zu beenden oder zu verhindern.

Du wirst inzwischen erkannt haben, Roger, daß hierzulande nichts ungetan bleibt, nur weil man es nie versucht hat. Was immer das Ergebnis eines Unternehmens ist, wie hoffnungslos es von Anfang an aussehen mag, einen Versuch wird man machen. Bei uns gibt es Mißerfolge, aber auch Erfolge. Krieg, mein Guter, ist ein großes Thema und kein erfreuliches, besonders für dich, der du die Freuden der geistigen Welt zur Zeit genießt. Ruth und ich wollen dich ja nicht deprimieren. "

„Das tun Sie auch nicht, Monsignore; ich möchte die Dinge kennenlernen, selbst wenn sie nicht gerade angenehm sind. "

Am ‚westlichen' Ende des Gebäudes gab es eine breite Empore, auf der eine große Orgel ruhte. Kein sehr modernes Instrument; die Orgelpfeifen zeigten die übliche Anordnung.

„Ein recht gutes Instrument, Roger. Jedem, der darauf spielen will, steht es frei, das zu tun. Komm mit hinauf und sieh es dir näher an — vielleicht spielt Ruth uns ein Stück. "

Wir stiegen die Treppe hinauf und befanden uns auf einer breiten Galerie.

„Hier kann es ja keine Elektrizität geben — soll ich für Sie den Blasebalg treten, Ruth?" schlug Roger vor.

„Das ist nicht nötig, vielen Dank, mein Lieber", antwortete Ruth. „Du hast recht — wir haben keine Elektrizität. Wir haben etwas viel Besseres. "

Sie zeigte auf einen kleinen schachtelartigen Behälter auf dem Fußboden nicht weit von der Orgel.

„Da drin", sagte sie, „ist alles, was wir benötigen. Ich brauche nur die kleine Maschine in Gang zu setzen, und schon wird die Luft durch den Schlauch zur Orgel geschickt. "

„Gut, aber was treibt die Maschine an?"

„Gedanken, Roger, Gedanken — das ist alles", antwortete Ruth lächelnd.

„Du hast ja bis jetzt kaum eine Vorstellung davon, was Gedanken bewirken können. "

„Ja, ich fange allmählich an, das zu erkennen. "

Ruth setzte sich an die Manuale und spielte ein kurzes Stück, das speziell für sie von einem unserer Freunde, einem Meister der Musik, komponiert worden war — ein kleines leichtfüßiges, übermütiges Werk, etwa in der Art eines Scherzos. Als der letzte Ton verklungen war, erhob Ruth sich von ihrem Platz, nahm Roger am Arm und sagte: „Komm und sieh dir an, was wir zustande gebracht haben."

Wir gingen hinaus, und da Ruth und ich nach oben über das Dach schauten, tat Roger dasselbe; er war erstaunt, hoch oben über dem Bau eine riesige Kugel, einer Seifenblase ähnlich, zu sehen, die sich langsam um ihre Achse drehte. Ihre Farben, ein zartes Blau und Rosa, verflochten sich miteinander, ohne zu verschmelzen.

„Wir sollten ein bißchen weiter weggehen", sagte ich, „dann kann Roger die volle Wirkung sehen. Im Augenblick stehen wir zu sehr darunter."

Wir stellten uns etwa 400 Meter weiter weg hin, wo die volle Wirkung prächtig war. Für Roger war es etwas Ehrfurchtgebietendes, zu sehen, wie diese offensichtlich ganz zarte Form in der Luft schwebte, ohne erkennbar von etwas getragen zu sein.

„Jegliche Musik, Roger, bildet eine gewisse Form, wenn sie gespielt wird", sagte Ruth, „ganz gleich, auf welchem Instrument sie gespielt wird. Wenn ich freilich das Stück auf dem Klavier gespielt hätte, hätten wir keine so große Form bekommen. Aber wir hätten eine geschaffen, vielleicht nicht ganz so exquisit. Ich hab' das Stück noch nie auf dem Klavier gespielt, kann also nicht sagen, was vor sich gegangen wäre. Es ist für die Orgel geschrieben, auf der man Lautstärke und verschiedenartige Tonwirkungen ausreichend erzielen kann. Es ist sehr schön, nicht wahr?"

„Wissen Sie, Ruth", sagte Roger, „das ist erschreckender als alles, was ich bisher gesehen habe — freilich ist ‚erschreckend' nicht das, was ich eigentlich meine."

„Nein — ich weiß, das ist es nicht. ‚Ehrfurchtgebietend' ist wohl der richtige Ausdruck. Es ist ein eigenartiges Gefühl, ganz gleich, wie man es nennt. Ruth und ich haben dasselbe empfunden, als wir das zum ersten Mal erlebten, und selbst heute sind wir dem noch nicht ganz entwachsen. Das wird wohl nie der Fall sein; ich hoffe es jedenfalls. Wenn wir mal nicht darauf reagierten, dann wäre irgend etwas nicht in Ordnung, und das läge dann nicht an der Musik. Nein, es steht ganz außer Zweifel: Wir werden stets tiefe Empfindungen erleben, wenn wir Musik hören und sehen, die von solchen Meistern geschrieben wurde, wie wir sie hier haben. Und sie *sind* Meister, Roger!"

Der junge Mann sah Ruth mit so etwas wie tiefer Bewunderung an, einer Art ‚Heldinnen-Verehrung', möchte man sagen — daß sie fähig war, solch eine außerordentliche Leistung zu vollbringen! Ruth ihrerseits war amüsiert und nicht wenig gerührt von der Herzlichkeit der Gefühle Rogers, aber sie war schnell dabei, jegliches Verdienst daran abzuwehren.

„Was *ich* getan habe, ist nichts, Roger. Jeder, der spielen kann, kann dasselbe bewirken. Ein mechanisches Instrument könnte das tun, aber kein solches Instrument könnte die Musik komponieren — dem Komponisten muß man die Anerkennung zollen!"

„Habe ich richtig verstanden, daß ein Meister der Musik dies Stück speziell für Sie geschrieben hat?"

„Ganz richtig, Roger. Wieder eine Überraschung? Sollte es eigentlich nicht sein, weißt du, weil doch, wenn man mal darüber nachdenkt, all die berühmten Komponisten, die verstorben sind, irgendwo sein müssen, oder nicht?"

„Ja, natürlich! Das ist wirklich ulkig — daran hab' ich noch nie gedacht!

„Hm", bemerkte ich, „das liegt wohl daran, daß die meisten Leute Komponisten als nur halb menschlich ansehen, wenn das überhaupt. Deshalb waren so viele halb verhungert, als sie auf der Erde lebten. Wenn sie die Erde dann verließen, erinnerten sich die Leute ihrer auf einmal, errichteten ihnen Statuen und Denkmäler, und ihre Werke wurden plötzlich sehr wertvoll. Jetzt ist das ein bißchen besser auf der Erde, und ein Komponist muß nicht wirklich verhungern, aber wenn er wirklich gute Stücke geschrieben hat, werden sie nach seinem Tod viel wertvoller sein. Im Augenblick glänzen die irdischen Genies durch Abwesenheit; die wahren Genies sind alle hier. Du hast soeben ein Beispiel für wahres Genie erlebt. Selbst wenn man das Stück nicht sehen kann, ist es eine Freude, es nur zu hören."

„Wie lange bleibt denn diese Kugel dort?" fragte Roger.

„Normalerweise", antwortete Ruth, „würde sie in ein paar Augenblicken verblassen, aber Monsignore und ich haben unsere Gedanken kombiniert, um ihr etwas mehr Dauerhaftigkeit zu geben, damit du sie in all ihrer Pracht betrachten kannst. Wenn Orchesterwerke oder andere einander schnell folgen, dann würden die Formen, wenn sie zu dauerhaft wären, alle in einem Wirrwarr übereinander getürmt sein, und ihre Gestalt würde sich verlieren."

9

Eine Frage des Alters

„Es gibt eine Sache, die mich verwirrt", sagte Roger.

„Nur eine?" fragte ich. Der Junge ist so gutmütig, daß ihm unsere kleinen Neckereien nie etwas ausmachen.

Wir waren nach unserem Besuch in der ‚Kirche' und Ruths kurzem Orgelkonzert nach Hause zurückgekehrt und saßen gemütlich in unserem Wohnzimmer unten, wo Roger seinen ersten Einblick in die geistige Welt erhalten hatte.

„Was verwirrt dich denn, mein Lieber? Sag uns, worum es geht, und vielleicht können Ruth oder ich etwas Licht in die Sache bringen."

„Es geht um folgendes: Wie kommt es, daß hier alle so jung aussehen? Ich habe hier nirgends alte Leute gesehen."

„O doch, Roger, aber natürlich nicht in dem Sinn, wie du es meinst."

„Wenn ich Ihnen zu nahe trete, Monsignore, dann weisen Sie mich bitte zurecht, aber wie alt sind Sie denn?"

„Du brauchst keine Angst zu haben, mein lieber Junge, daß du mir in dieser Frage des Alters zu nahe trittst. Wir sind darin hier überhaupt nicht empfindlich. Selbst Ruth würde deine Frage nichts ausmachen, und dabei sind die Frauen auf der Erde — wie du vielleicht weißt — bei diesem Thema manchmal ein wenig empfindlich! Aber hier kümmert sich keiner darum, weil man einfach aufhört, viel darüber nachzudenken. Dennoch ist die Sache nicht uninteressant, vor allem für Leute wie du und ich — und auch Ruth —, die den Dingen gern auf den Grund gehen.

Aber nun zu meinem Alter. Als ich hierher kam, war ich dreiundvierzig, und ich bin seit siebenunddreißig Jahren hier — ich weiß das, weil ich ein lebhaftes Interesse an der alten Erde habe und daher den Zeitverlauf im Auge behalten habe. Du brauchst also nur die Zahlen zusammenzuzählen und hast die Antwort."

„Du meine Güte", rief der Junge aus. „Dann sind Sie ja achtzig!"

„Ganz genau — ein junger Mann von achtzig Jahren!"

„Aber Sie sehen überhaupt nicht so aus."

„Das will ich hoffen. Tatsächlich sehe ich kaum anders aus als bei meiner Ankunft hier. Ein paar Verbesserungen vielleicht, aber sonst keine Veränderung."

„Und auf wie alt würdest du mich schätzen, Roger?" fragte Ruth.

„Vorsicht, Roger", warf ich ein, aber er wollte sich ohnehin nicht auf eine Schätzung einlassen.

„Wenn du gesagt hättest, hundert, dann hätte mich das nicht im geringsten aufgeregt. Aber so alt bin ich noch nicht. Nimm zweiundsechzig an, dann liegst du richtig."

„Sie sehen kein bißchen älter aus als ungefähr fünfundzwanzig", erwiderte Roger.

„Genau so alt war ich, als ich hierher kam."

„Wie um alles in der Welt muß ich dann aussehen?"

„Kaum älter als ein Kleinkind", lachte Ruth. „Nein, Roger, du siehst genauso aus wie auf der Erde, was das Alter angeht. Was die Gesundheit betrifft, ist der Unterschied natürlich gewaltig, zumindest im Vergleich zu den letzten Tagen auf der Erde. Du warst damals sehr krank, du Armer, kein Vergleich zu jetzt. Deine Mutter würde in dir jetzt den Jungen sehen, den sie vorher kannte."

„Siehst du, es ist so", sagte ich. „In der geistigen Welt zählt das nach Jahren bemessene Alter nicht, sondern die Zeit, die man die Blüte der Jahre nennt, ist das normale, permanente Alter.

Wenn man, wie du und viele andere, ja selbst ganz kleine Kinder, vor dieser Zeit hier ankommt, dann bewegt man sich allmählich auf die Blüte des Lebens zu und bleibt dann stehen. Kommt man hierher, nachdem man sie erreicht hat — man kann ja weit in den Achtzigern oder älter sein —, dann geht man zurück, man kehrt zur Blüte des Lebens zurück. Mit anderen Worten, man wird jünger."

„Das erscheint mir vernünftig."

„Das ist auch vernünftig, aber hier ist ja alles vernünftig."

Wir lachten gemeinsam über unsere herablassende Billigung der geistigen Welt.

„Doch mal Spaß beiseite", fuhr ich fort, „das Gesetz, das dahinter steht, ist ein gerechtes Gesetz, und das meintest du eigentlich, Roger. Es ist gerecht in jeder Beziehung: für diejenigen, die die vorgeschriebene Zeitspanne auf der Erde verbrachten, und für die, die sie schon früh oder in frühester Kindheit verließen oder in deinem oder in Ruths Alter — und, wenn man so will, fast auch noch in meinem Alter.

Aber ich will dir eines sagen: Du wirst es außerordentlich schwer finden, das Alter der Menschen hier richtig zu schätzen, d.h. wie lange sie schon in der geistigen Welt sind zuzüglich der wenigen Jahre, die sie auf Erden lebten.

Je länger man in dieser Welt lebt, desto kürzer erscheint einem im Vergleich dazu die Zeit auf Erden. Nimm zum Beispiel Radiant Wing. Du könntest unmöglich schätzen, wie lange er schon hier ist. Wenn du ein bißchen mehr wüßtest – was natürlich im Lauf der Zeit kommt –, dann gäbe es gewisse Hinweise, die dir bei deiner Schätzung helfen würden. "

„Nein, ich könnte niemals sagen, wie lange er schon hier ist. Er sieht wie in der Blüte seiner Jahre, wie ein junger Mann aus. Doch wenn er spricht und wenn man ihn genau ansieht, dann sieht man, daß er, ohne alt oder auch nur älter zu wirken, etwas hat, das auf bedeutendes Wissen oder so etwas Ähnliches schließen läßt. "

„Schwer zu definieren, Roger, sehr schwer. Es gibt viele Gelegenheiten, bei denen du dir, wenn du hier jemanden siehst, sagst – wenn du je so respektlos sein solltest – ,er ist nicht mehr der Jüngste'. Aber es gäbe nichts, was auf wirkliches Alter hinweisen würde wie so äußerliche Anzeichen wie Runzeln oder Falten und all die anderen vertrauten Zeichen verstreichender oder verstrichener Jahre. Wie alt ist Radiant Wing deiner Meinung nach?"

„Das kann ich beim besten Willen nicht schätzen. "

„Er ist gerade sechshundert geworden. "

„Das ist doch erstaunlich!"

„Eigentlich nicht. Du erinnerst dich doch an Omar; der ist mindestens zweitausend. Sein ägyptischer Adjutant ist sogar noch älter, so etwa fünftausend Jahre. Wie sagt der Psalmist? *Longitudine dierum replebo eum:* Ich will ihn sättigen mit langem Leben.

Dies ist eine alterslose Welt, Roger, und manche von uns jedenfalls sind wohl auch alterslos. Keine runzligen Gesichter, kein weißes oder ergrauendes Haar, nicht einmal andeutungsweise jene zusätzlichen Pfunde, mit denen wir uns auf Erden so leicht belasten, andererseits aber auch kein Anzeichen dafür, daß man zusammenschrumpft und immer weniger wird. Unsere Bewegungen werden nicht langsamer, unsere Tonlage ändert sich nicht, wir verlieren auch nicht unsere geistige Regsamkeit. Keine zweite Kindheit erleben wir. Laß diesen ganzen traurigen Katalog weg, und du hast uns, wie wir sind, hingeführt zur Blüte unseres Lebens, wenn das nötig ist, statt zu einer zweiten Kindheit fortzuschreiten. "

„Wie alt, würden Sie sagen, ist die geistige Welt, Monsignore?"

„Das ist vielleicht eine Frage, mein Lieber! Du weißt, es heißt, die Ewigkeit kann keinen Anfang haben. Und Ewigkeit ist wie die Unsterblichkeit etwas, das man nicht beweisen kann. Man kann in diesem besonderen Fall nur versuchen, die allgemeine Meinung in dieser Angelegenheit festzustellen, und da wirst du finden, daß wir uns alle einig sind, daß diese Welt und wir mit ihr ewig sind. Wir haben das Empfinden absoluter Dauer. Wenn wir nicht von Dauer wären, was hätte das hier alles für einen Sinn? Was für einen Sinn hätte es, überhaupt weiterzubestehen?

Nein, mein Junge, alles hier spricht ganz und gar dagegen, daß dieses herrliche Leben und das noch bessere Leben, das vor uns allen liegt, je ein Ende haben. Und wir in diesen Reichen haben die Zusicherung jener gewaltigen Seelen in den allerhöchsten Sphären, wenn wir sie brauchen sollten. Wenn sie uns nicht die Wahrheit sagen, was eine infame und absurde Annahme ist, dann gibt es überhaupt keine Wahrheit.

Aber wir haben auch unsere eigenen Kräfte. Das muß man auch berücksichtigen. Wir können selbst schöpferisch tätig werden. Du hast uns noch nicht wirklich bei unserer schöpferischen Arbeit erlebt. Warte, bis du einmal siehst, wie einer unserer Fachleute für jemanden ein Haus baut oder einen Palast oder etwas noch Größeres. Wir machen das alles selbst mit Hilfe jener Kraft, die von dem Großen Ursprung ausgeht. Zweifellos könntest du einwenden, was wäre, wenn der Große Ursprung diese Kraftzufuhr sozusagen unterbrechen, sie uns verweigern würde? Dieser Gedanke ist ebenfalls absurd. Die Kraft ist herabgesandt worden, seit die geistige Welt existiert. Und das führt uns zu unserem Ausgangspunkt zurück.

Es kommt nämlich ein Zeitpunkt, wo Zahlen für den normalen Menschen keine Bedeutung mehr haben. Wenn du einmal überlegst, auf welche astronomischen Summen sich der Staatshaushalt heute beläuft, wo mit Milliarden gerechnet wird, dann kann sich der Durchschnittsmensch darunter überhaupt nichts vorstellen. Ja, es ist sogar zweifelhaft, ob sich die Verantwortlichen darunter etwas vorstellen können. Jedenfalls sind die Menschen auf der Erde heute so an fast endlose Zahlenreihen gewöhnt, daß sie, wenn es um das Alter des Universums geht, wohl nicht überrascht sein dürften.

Das einzige, was man auf deine Frage nach dem Alter der geistigen Welt sagen kann, Roger, ist, daß sie ganz gewiß vor der irdischen Welt existierte. Das wissen wir aus hohen Quellen. Wenn also die Erde, wie berechnet wurde, vor drei bis fünf Milliarden Jahren entstanden ist, dann kannst du ja vielleicht mit dieser Zahl etwas anfangen. Ich fürchte, ich kann es nicht."

„Ich auch nicht," sagte Ruth.

„Eben. Sie ist lediglich ein Hinweis auf eine ungeheure Zahl von Jahren. Wenn es die geistige Welt also schon so lange gibt — und wir sind ganz sicher, daß das der Fall ist —, dann gibt es hierzulande irgendwo Menschen, die mit Fug und Recht sagen können, daß sie mindestens diese gigantische Anzahl von Jahren alt sind. Und das läßt uns andere erscheinen wie — was? Wie ein winziges Sandkorn inmitten einer ungeheuren Zahl von Wesen mit vergleichsweise hohem geistigem Niveau.

„Das ist einfach umwerfend, Monsignore."

„Ja, Roger, wenn du es zuläßt, daß es dich umwirft, schon. Aber um der Wahrheit die Ehre zu geben, wir lassen es nicht zu. Es ist atemberaubend, wenn man es in Zahlenreihen ausdrückt, in Milliarden betrachtet, doch was mir am allererschütterndsten und niederschmetterndsten erscheint, ist das bei diesen Persönlichkeiten, von denen ich gesprochen habe, in universalen Ausmaßen gegebene unermessliche Wissen. Du, Roger, hast noch keinen gesehen oder gesprochen. Ruth und ich schon, zusammen mit vielen anderen hier. Wir haben sogar den erhabenen Wohnsitz des Allergrößten besucht. Es wird sicher die Zeit kommen, wo auch du die Auszeichnung erfahren wirst, ihm hier in diesen Regionen, ja selbst hier in diesem Haus, zu begegnen. Omar gehört zu seinem engsten Gefolge, ja er ist sogar seine rechte Hand.

Du siehst, was du auf dein jugendliches Haupt herabbeschworen hast mit einer einfachen Frage!"

„Ja, es ist mir jetzt klar, daß es eine dumme Frage war."

„Keineswegs, mein Lieber, überhaupt nicht. Das Schwierige ist, eine Antwort zu finden, und es ist richtig, daß du dir, soweit das möglich ist, Gewißheit über die Dinge verschaffst, die dir auffallen. Es gibt, wie du dir denken kannst, eine unermeßliche Fülle von Dingen, die wir nicht gesagt bekommen, nicht weil sie große Geheimnisse wären, sondern weil wir zuerst noch viel lernen müssen. Denn es ist so, daß wir sie mit unserem notwendigerweise begrenzten Wissen und Fassungsvermögen auf unserer gegenwärtigen Erkenntnisstufe nicht begreifen würden.

Es ist wie bei deinen Schulbüchern, Roger. Du mußtest am Anfang beginnen. Ein Blick auf das Ende hätte dir Dinge gezeigt, die weit über dein damaliges Begreifen hinausgegangen wären und die dir deshalb nichts gesagt hätten. Bei uns ist es mit unzähligen Problemen und Fragen nicht anders. So gehen wir also Schritt für Schritt weiter und finden, daß wir nicht schlechter dran sind, wenn wir die Antworten nicht kennen. Alles hat hier in der geistigen Welt seinen Platz, und keiner von uns wäre durch mangelndes Wissen in seinem Fortschreiten behindert. Das Wissen stellt sich im rechten Augenblick ein. Inzwischen schadet es nichts, wenn wir nach Herzenslust miteinander darüber diskutieren – wie wir das im Augenblick gerade tun. Wenn es möglich ist, daß wir – unter Berücksichtigung der eben erwähnten Einschränkungen – Aufklärung erhalten, dann wird sie uns auch zuteil; darauf kannst du dich verlassen.

Dies ist eine vernünftige Welt, wie du bereits erkannt haben wirst, obwohl dies, wenn man sich auf manche Menschen auf der Erde mit ihren wilden, phantastischen Vorstellungen verlassen würde oder ihnen Glauben schenkte, einer der unsinnigsten Orte des Universums wäre. Wie würde es dir gefallen, dieses Leben gegen eines einzutauschen, das ganz so wie ein immerwährender Sonntag wäre?"

„Ich fände es entsetzlich."

„Wir hier auch. Aber es gibt tatsächlich Leute auf der Erde, die diese Art Dasein als den Gipfel geistiger Glückseligkeit, als Paradies also, betrachten.

Es gibt jedoch noch etwas zu sagen zu dem großen Alter der geistigen Welt und der Blüte des Lebens, und zwar, daß manche von uns – sollten sie in ziemlich oder sogar sehr hohem Alter in die geistige Welt kommen – recht gerne zunächst einmal ihr Äußeres ändern würden. Ruth und ich haben uns andererseits wegen unseres Alters beim Übergang kaum verändert. Du, Roger, wirst dich natürlich zur Blüte der Jahre hin entwickeln und dich zweifellos ein wenig verändern. Nicht sehr, aber doch ein bißchen.

Die auf der Erde herrschenden Moden und Sitten hätten ganz wenig Auswirkungen, bei Männern zumindest, denn es hat doch Zeiten auf der Erde gegeben, als das Tragen eines Bartes die Regel war. Nun wirst du aber bemerkt haben, daß wir solchen Gesichtsschmuck hier nicht haben, wenn es auch nichts gibt, was dich davon abhalten könnte, wenn du dir einen Patriarchenbart bis zur Taille oder irgendeinen anderen Bart wachsen lassen wolltest. Es gibt kein Gesetz, das das verbietet. Es dürfte allerdings beträchtlichen Mut erfordern. Manche unserer Freunde dürften nämlich recht spitze Bemerkungen machen, wenn ich mir solch einen Gesichtsschmuck zulegen würde."

„Ich zum Beispiel", sagte Ruth.

„Was ich sofort dem Neid der Besitzlosen zuschreiben würde! Du siehst also, Roger, daß die Identität nicht verloren geht, aber sie kann natürlich verhüllt werden. Der Mann – oder die Frau – sieht im Alter ganz anders aus als in der Jugend, und ein Mann mit Bart sieht ohne völlig verändert aus. Und solche Veränderungen gehen schnell vor sich. Man legt die äußerlichen Merkmale, die der Erdenseite des Lebens angehören, schnell ab und nimmt die geistige Persönlichkeit an. Danach hat ein langes Leben in der geistigen Welt keinen Einfluß mehr auf das Aussehen.

Nimm zum Beispiel das Alter von Omar und seinem Adjutanten. Zwischen ihnen besteht ein Altersunterschied, den man mit dreitausend Jahren irdischer Zeit angeben kann. Könntest du wirklich sagen, wer von den beiden älter ist?"

„Nein, Monsignore, unmöglich."

„Und so ist das mit Millionen und Abermillionen von uns."

„Was passiert bei Leuten, deren Gesichtszüge auf Erden sehr bekannt sind?"

„Meinst du Persönlichkeiten aus der Geschichte oder Zeitgenossen?"
„Ich dachte an beide."

„Im Falle von historischen Personen gibt es alle möglichen Faktoren. Einer ist, daß man auf der Erde vielleicht gar kein genaues Bild von ihnen besitzt, mit dem man sie vergleichen kann. Maler haben zu verschiedenen Zeiten versucht, das Äußere nach Dokumenten, die eine Beschreibung der betreffenden Person enthielten, nachzuschaffen. Die meisten sind ungenau – die Bilder, meine ich.

So daß du hier mit Menschen sprechen kannst und überhaupt nicht weißt, daß sie auf Erden einst berühmt waren. Ihre Identität ist in solchen Fällen, was das Äußere betrifft, völlig untergegangen. Natürlich ist der Mensch immer noch er selbst, wenn er auch sehr viel besser geworden ist, was wir ja alle hoffen! Die alten Maler taten ihr Bestes und schufen Gesichter, die zumindest wie Menschen aussehen – was mehr ist, als man von so vielen der gegenwärtigen Maler auf der Erde sagen kann! Die Porträtierten jedoch haben sich so verändert, daß man sie nicht wiedererkennt.

Was ist denn irgendwelcher irdische Ruhm? Es kommt doch sehr darauf an, worauf er beruht. Man kann heute auf der Erde viele finden, deren Ruhm sich auf eine völlig unsinnige Reputation gründet. Das ist nicht so sehr ihr Fehler als der jener Hohlköpfe, die ihnen so zahlreich Gefolgschaft leisten.

Es gibt auch Menschen, deren irdischer Ruf und Ruhm sich auf sehr Widerwärtiges gründete, die jedoch seither in die Reiche des Lichts aufgestiegen und überglücklich sind, daß ihre Porträts auf der Erde nur ungenaue Darstellungen sind. Ein Wiedererkennen ist deshalb in diesem Land nicht möglich. "

10

Eine Lektion in schöpferischem Tun

„Als was", fragte ich Roger „würdest du dieses Haus und alles, was darinnen ist, und alles, was du von diesen Fenstern aus sehen kannst, ansehen? Als etwas ziemlich Massives?"

„Ja, natürlich", antwortete er. „Warum fragen Sie?"

„Weil es auf der Erde Menschen gibt, mein lieber Junge, die behaupten, daß das alles ein von Gedanken hervorgerufener Zustand ist, und daher nicht konkret existent, wie sie es nennen würden. Komisch, nicht?"

„Ich glaube, ich kann sie irgendwie verstehen", sagte Roger; „als ich nämlich auf Ihrer Couch aufwachte, kam mir auch der Gedanke, es könnte ein Traum sein."

„Was geschah dann?"

„Nun, ich sah Sie am Fußende der Couch sitzen, und Ruth saß neben mir, und Sie haben vernünftig geredet."

„Gottseidank!"

„Sie wissen, was ich meine."

Wir lachten über die Verlegenheit des Jungen. „Natürlich, Roger. Du meinst, daß die ganze Situation vernünftig war und nicht so verrückt, wie es gewöhnlich im Traum zugeht."

„Ja, genau. Es war sofort alles ganz real. Erinnern Sie sich, wie ich mit dem Fuß aufstampfte? Danach konnte keine Spur von Zweifel mehr bestehen, daß alles hier real und massiv ist."

„Real und massiv, Roger, das ist der springende Punkt. Die Schwierigkeit ist wohl, daß die Menschen auf der Erde die wahre Bedeutung der Kraft der Gedanken noch nicht ganz begriffen haben. In Maßen haben sie eine gewisse Vorstellung davon, und auch eine richtige, aber meiner Meinung nach gehen sie nicht weit genug.

Geh in Gedanken zurück zu dem Zeitpunkt, als Ruth und ich in dein Zimmer auf der Erde kamen. Wir kamen doch ganz einfach herein. Für uns gab es nichts Massives. Die Wände bedeuteten für uns nichts, und wir für dich bis dahin auch noch nichts. Selbst als du uns dann wahrnahmst, waren wir relativ substanzlos. Das gesamte Reich hier war für dich noch unsichtbar, wenn du auch als erstes uns sahst. Was geschah dann? Ein Leben ging für dich dort zu Ende, und ein anderes begann — in deinem Zimmer, oder um genau zu sein, an der Stelle, wo dein Zimmer war, und wir nahmen dich dann in unsere Obhut. Wärest du wach geblieben — aber Ruth hat dich ein bißchen in Schlaf versetzt —, dann hättest du gesehen, was wir beide sahen, nämlich ein schemenhaftes Zimmer mit ziemlich schemenhaften Menschen darin. Wir hätten mit ähnlicher Berechtigung sagen können, daß das Zimmer nur ein Zustand war und nichts Konkretes. Aber wir wissen es besser. Jenes Zimmer war für deine Leute real und massiv. Du hattest deinen Zustand verändert, warst vom irdischen in den geistigen übergegangen, aber du hattest dich nicht in etwas Konkretes verwandelt, noch hatten wir das für dich getan. Verstehst du, was ich meine?

Hattest du nun irgendwelche Vorstellungen von einem zukünftigen Leben? Nein, du hast uns erzählt, daß das nicht der Fall war, so daß du dich also nicht in irgendeiner Art eigener, von dir geschaffener Gedankenwelt wiederfinden konntest, die auf deiner Vorstellung von der geistigen Welt beruhte."

„Nein, aber hätte ich mich nicht in einer Art konkretem oder sonstigem Zustand wiederfinden können, den jemand anderer für mich geschaffen hatte?"

„Sehr gut, mein Junge. Genau das ist passiert. So daß es sich, um im Klartext zu sprechen, um eine Art konkreten, massiven Ort handeln muß, den andere sehen, fühlen, erleben — und genießen — können."

„Ja, worin besteht denn dann der Unterschied zwischen der Erde und dieser Welt?"

„Der Unterschied besteht darin, daß sich zwischen uns und unsere Gedanken keine irdisch materielle Substanz schiebt. Was immer auf Erden geschaffen oder gemacht wird, muß zunächst gedanklich konzipiert werden, dann geplant, vielleicht, wenn es etwas komplizierter ist, muß eine Zeichnung angefertigt werden, und dann muß es je nach dem maschinell oder manuell gefertigt werden. Hier brauchen wir die Zwischenstufen gar nicht und lassen ganz einfach den Gedanken arbeiten, was er sehr gut macht.

Der Gedanke wird hier sofort zu konkretem Geschehen. Da liegt die eigentliche Schwierigkeit. Da der Gedanke solch unmittelbare Wirkung hat, glauben die Menschen auf der Erde, die Ergebnisse müßten unkörperliche, traumhafte Gebilde sein, die sich beim geringsten Anlaß, oder auch ganz ohne jeden Anlaß, auflösen können oder wahrscheinlich auflösen werden. Unsere Gedanken haben in diesen Regionen eine weitaus größere Kraft und Reichweite als auf der Erde. Um dort etwas Konkretes zu schaffen, muß man über die Denkphase hinausgehen. Hier bewegt man sich immer in der Denkphase, weil es die letzte ist, wenn du mir folgen kannst.

Dem Gedanken folgt der konkrete Gegenstand auf dem Fuß. Ich meine damit natürlich ganz und gar nicht, daß wir einfach an das denken, was wir brauchen oder wünschen, und schwuppdiwupp, schon ist es da. Du meine Güte, nein. Dieses Haus wurde sorgfältig gedanklich konzipiert und geplant, und dann machten sich die Maurer und Bauleute ans Werk. Aber ihre Arbeit führten sie ganz allein durch Gedanken aus. Es gab keine Zwischenstufen in Form von Materialbeschaffung, dem Errichten von Baugerüsten usw. Jene Freunde dachten einfach, und der Gedanke ließ dieses sehr reale, massive Haus entstehen. Und hier wird es auch bleiben.

Wir sitzen nicht auf nichts, sondern in sehr bequemen Sesseln, und diese stehen auf dem Boden. Wir leben nicht in einem gedanklichen Zustand — und das wird auch gut sein!"

„Wenn man also etwas machen will, dann muß man lernen, wie man das macht, nicht wahr, Monsignore?"

„Ganz genau. Glaubst du, du könntest einen Tisch wie diesen machen, jetzt in diesem Augenblick?"

„Nein, ganz sicher nicht."

„Nein, noch könnten es Ruth oder ich. Ruth macht Gobelins — du hast ja hier welche gesehen, Roger, aber sie macht sie auf einer Maschine, die wiederum von einem Experten hergestellt wurde, und aus Material, das auch von Experten stammt. Aber sie sind trotzdem nicht weniger real. Wie glaubst du, daß Blumen und andere Dinge entstehen?"

„Ich habe nicht die leiseste Ahnung."

„Würdest du gerne sehen, wie etwas gemacht wird?"

„Ja, sehr gerne."

„Dann wollen wir zu dem Mann, bzw. zu einem der Männer, die Dinge schaffen, gehen."

Während wir uns dorthin begaben, erklärten wir Roger, daß der Freund, den wir besuchen wollten, eine Anlage besaß, die man auf der Erde eine Pflanzschule nennen würde, und daß er, als er noch inkarniert war, eine ähnliche Arbeit getan hatte.

„Ich hatte gedacht", sagte Roger, „daß die Blumen hier ganz ähnlich wie auf der Erde wachsen — aus Samen und so. Das scheint aber nach dem, was Sie sagen, nicht der Fall zu sein. Was passiert denn dann?" „Warte, bis wir dort sind, Roger, und unser Freund wird dir alles erklären. Schau, dort siehst du die Gärten."

Vor uns sahen wir große Flächen leuchtender Farben, jede für sich, die sich Feld um Feld weithin erstreckten. Es gab alle Arten von Bäumen in jeder Wachstumsphase, von ganz jungen Bäumen bis hin zu wahren Patriarchen. Wir folgten einem Weg, der uns direkt zu einem großen Haus führte.

Da ich den ‚Besitzer' der Pflanzschule schon benachrichtigt hatte, erwartete er unseren Besuch bereits. Roger war daher überrascht, als die ersten Worte unseres Freundes klar erkennen ließen, daß er von unserem bevorstehenden Besuch schon wußte. Ruth erklärte Roger kurz den Vorgang der gedanklichen Nachrichtenübermittlung, worauf er meinte, daß das ein weiteres Gebiet sei, das näher erforscht werden müßte. Wir stellten Roger unserem Gastgeber als einen Neuankömmling vor, der wie üblich alles gezeigt bekam.

„Du bist also gekommen, um zu sehen, wie die Blumen gemacht werden, junger Freund. Da bist du genau richtig hier", sagte er mit einem fröhlichen Augenzwinkern.

Roger hatte inzwischen jegliche Scheu, die er anfangs vielleicht gehabt hatte, völlig überwunden und bestürmte die Leute ganz energisch mit Fragen. Er eröffnete sofort das Feuer auf unseren Freund, den Gärtner."

„Liefern Sie die Blumen für das ganze Land hier?" fragte er.

„O nein. Nur für dieses Gebiet, wenn du so willst. Es gibt noch viele andere, die diese Arbeit anderswo tun. Das ist nur *ein* Ort. Wo sollen wir denn anfangen? Komm und schau dir erst einmal unsere Erzeugnisse an."

Um uns waren Hunderte von Blumenbeeten, jedes mit einer anderen Blumensorte und alle in ordentlichen Reihen gepflanzt.

„In unseren Beeten mit sogenannten Mutterpflanzen machen wir keinen Versuch, wirklich kunstvoll zu pflanzen, wenn auch allein die Farben sehr bewundert werden, ebenso wie die langen Reihen von Blumen und anderen Pflanzen. Gerade die Unmengen von Blumen und Farben finden die Leute so faszinierend. Unsere Gärten dort drüben haben wir nur zur Freude der Menschen angelegt."

Uns fiel vor allem die unglaublich große Zahl der Blüten auf, die an einem einzigen Stiel jeder Pflanze wuchsen.

„Seht ihr", erklärte der Gärtner, „bei den Pflanzen auf der alten Erde verwelken die Blüten nach einiger Zeit, und es bilden sich Samenkapseln, so daß man an einem Stiel vielleicht die Hälfte Blüten und die andere Hälfte Samen hat. Ihr könnt selbst sehen, daß es gar kein Vergleich ist, wenn das nicht geschieht und der ganze Stiel von oben bis unten mit Blüten besetzt ist. Nirgends außer hier – ich meine in der geistigen Welt – können solche Blumen gezogen werden.

Schaut euch diese Malven dort an. Habt ihr jemals etwas so Schönes gesehen – Blüten von oben bis ganz unten? Und sie verwelken und vergehen auch nicht. So schaffen wir sie, und so bleiben sie.“

So weit das Auge reichte, gab es Beete über Beete mit Blumen, die so vollkommen waren, wie noch kein irdisches Auge sie je gesehen hat. Ruth und ich hatten diesen wunderschönen Ort schon oft besucht, aber für Roger war er neu und solch eine Offenbarung, daß er fast sprachlos war.

Es gab Blumen von jeder auf der Erde bekannten Art, all die alten liebgewordenen Blumen, die den Menschen auf der Erde seit Menschengedenken vertraut sind, die ,altmodischen‘ Blumen, wie man sie gerne nannte: die Malven und Stiefmütterchen, die Löwenmäulchen, Glockenblumen und der Goldlack, die Levkojen und hundert andere Arten. Wie man sich vorstellen kann, war der Duft dieser großartigen Ansammlung herrlich, nicht überwältigend, aber stark genug, daß er uns angenehm auffiel und wir ihn genossen.

„Du wirst verstehen, daß die Arbeit hier eher wie Ferien ist, wenn wir sie mit der Mühe vergleichen, die man auf Erden für Gärten dieser Größe aufwenden muß. Ich bezweifle übrigens, daß es auf Erden so große Gärten gibt, und diese hier sind noch nicht einmal die größten. Dennoch haben wir hier alles, was man von uns verlangen könnte.

Wie gesagt, es ist hier eher wie Ferien. Wir sind hier nicht mit all den Schwierigkeiten wie auf Erden geplagt, mit dem Wetter zum Beispiel, vor allem mit dem Wetter, oder dem richtigen Boden und mit allem, was mit dem Pflanzen zusammenhängt usw. Auf Erden ist es ein langer Prozeß von dem Augenblick, wo der Same gepflanzt wird, bis zu der Zeit, wo man die Blüten für den Markt schneiden kann. Aber hier, welcher Segen, machen wir unsere Pflanzen gleich mit den Blüten, und zwar in allen Farben und Farbkombinationen. Wir können einfache oder gefüllte Blüten machen, ganz wie es uns oder anderen gefällt. Und wenn wir sie einmal gemacht und ausgepflanzt haben, dann gibt es sozusagen nichts mehr zu tun. Wir sind aber dennoch keineswegs müßig – selbst wenn wir nur Leute herumführen.“

„Du könntest meinen, Roger", sagte ich, „unser Gärtner hier hätte herzlich wenig zu tun. Laß dich nicht täuschen. Er ist der Geist, der sich hinter all unseren Gärten verbirgt, der oberste Gartenarchitekt sozusagen. Er und seine Kollegen, seine Zunftgenossen, sind für die vielen wundervollen Gärten verantwortlich, die du gesehen hast."

Wir folgten unserem Führer Weg um Weg, von Blumenbeeten zu Alleen von Bäumen und Büschen. Die unermeßliche Fülle schien überwältigend, aber unser Freund versicherte uns, daß alles, was wir sahen, sinnvoll verwendet würde und nicht nur zum Anschauen da wäre.

Roger stellte ihm eine Frage: „Wenn die Blumen und Bäume nie verwelken und vergehen, wieso werden dann so viele gebraucht? Die Nachfrage muß ja gigantisch sein."

„Ja, du hast recht, die Nachfrage ist tatsächlich gigantisch. Manche wollen gerne ihre Gärten vergrößern oder neue Beete anlegen. Das ist ein Fall, wo wir gebraucht werden. Dann sind da die Gärten in der Stadt. Sie werden oft neu angelegt oder sonst irgendwie verändert. Da braucht man uns wieder. Dann gibt es Leute, die den dringenden Wunsch haben, ihren Garten anders anzulegen, und wir liefern ihnen die neuen Pflanzen, wobei wir das, was sie nicht mehr wollen, wieder mit hierher nehmen. Wenn du dich umschaust, siehst du, daß wir noch viel Platz für neue Blumenbeete haben. Aber jetzt komm mit hinein und schau dir einige unserer Schätze an."

Er führte uns in ein geräumiges Zimmer, in dem es viele Bücherregale mit großen Bänden gab. Unser Freund nahm einen heraus und öffnete ihn aufs Geratewohl. Die Seite zeigte eine hervorragende Farbzeichnung einer Tulpe. Es war keine künstlerische Reproduktion im eigentlichen Sinn, sondern es war eine rein botanische Darstellung ohne Hintergrund, die die Blüte und ihre Blätter in allen Einzelheiten zeigte, so daß jeder, der sie betrachtete, ganz genau wußte, wie die Blüte aufgebaut war.

Ganz besonders echt — so erfuhren wir — war die Farbgebung.

„Aus diesen Zeichnungen lernen unsere Schüler alle Einzelheiten über die Blume, ehe sie mit dem eigentlichen Schöpfungsprozeß beginnen. Ehe man mit der Herstellung einer Blume oder irgendeines anderen Gegenstandes beginnen kann, muß man die für eine getreue Wiedergabe nötigen Einzelheiten ganz genau kennen. ‚So ungefähr‘ reicht nicht. Es muß schon perfekt sein. Und die einzige Methode ist, jede auch noch so geringe Einzelheit des zu schaffenden Gegenstandes im Kopf zu haben. Du könntest es sozusagen direkt von der Zeichnung abnehmen, und genau so geht der Anfänger auch immer vor. Später jedoch wird er die Abbildung studieren – oder ein Original, wenn ihm das lieber ist – und dadurch kann er dann, wenn er mit der Arbeit beginnt, seine Gedanken ganz und gar auf den zu schaffenden Gegenstand richten.

In all diesen Bänden findest du Farbabbildungen von jeder Pflanze, die wir hier herstellen, sowohl von den irdischen Arten als auch von denen, die es nur in der geistigen Welt gibt.

Neben diesen Büchern haben wir die Drucke auch noch in einem anderen Raum extra an der Wand hängen, und zwar für diejenigen, die sie sich anschauen wollen, ohne die ganzen Bücher durchzublättern. Kommt mit hinüber in den großen Raum."

Wir betraten ein sehr großes Zimmer, wo an den Wänden prachtvolle Bilder von jeder Art von Garten, die man hierzulande findet, hingen. Man konnte unmöglich sagen, daß einer schöner als ein anderer gewesen wäre. Sie waren alle gleich wunderbar.

„Die meisten dieser Gärten", bemerkte unser Gastgeber, „sind irgendwo hier in dieser Region angelegt worden. Der Erfindungsgabe sind – wie ihr seht – offenbar keine Grenzen gesetzt.

Manche dieser Skizzen haben wir von anderen Pflanzschulen geschenkt bekommen, wie auch wir Zeichnungen und Skizzen von ganz besonders gelungenen Neuschöpfungen weitergeben. Es gibt einen regelmäßigen Austausch, denn weißt du, junger Freund, hierzulande sind wir immer in Bewegung; wir bleiben nicht stehen!"

Schließlich führte uns unser Freund in ein kleineres Zimmer, wo eine Reihe von jungen Leuten eifrig bei der Arbeit waren, und wir erfuhren, daß dies Schüler der Gartenbaukunst seien.

Es fiel uns auf, daß Roger alles, was ihm gezeigt wurde, die ganze Zeit über außerordentlich faszinierend und interessant fand. Nicht daß er bisher irgendein Zeichen von Langeweile hätte erkennen lassen, doch hier bestand eine besondere Faszination, die in Ruths und meinen Augen – und in denen des Gärtners – ganz klar zeigte, daß er sich dieser Arbeit gerne selbst widmen würde.

Schließlich führte uns unser Freund zum Höhepunkt unseres Besuchs, der Schöpfung einer Blume.

Dafür versammelte er uns um sich, während er ein kleines Gefäß, ganz ähnlich einem gewöhnlichen Blumentopf, auf einen Tisch stellte. Er gab etwas ‚Erde' hinein und forderte uns ohne weitere Präliminarien auf, das Gefäß auf dem Tisch zu beobachten.

Zunächst sah man kaum mehr als einen schwachen Lichtschimmer um das Gefäß. Allmählich wurde daraus jedoch eine deutliche Gestalt, die, wie man sah, die Umrisse eines Stiels mit einer Blüte darauf waren. Diese Umrisse verdichteten sich immer mehr bis zum vollständigen Bild einer Blume, die bereits Farbe besaß, wenn letztere auch noch ziemlich blaß war. Doch konnte man aus der Gestalt bereits eindeutig erkennen, was für eine Blume es war, nämlich eine Tulpe.

Der Gärtner erhob sich, nahm den Topf auf und prüfte ihn aufs genaueste, ehe er seiner Zufriedenheit Ausdruck gab und ihn dann an uns zur Prüfung weitergab.

Es war ein wunderbares Gebilde, wohlgeformt, doch zart, so daß man ganz durch es hindurchschauen konnte. Ich gab es seinem Schöpfer zurück, der es wieder auf den Tisch stellte, seine Gedanken noch einmal darauf konzentrierte und der Blume dadurch offenbar ohne große Anstrengung ihre volle Substanz und Farbe verlieh.

„Hier, Roger. Hier hast du eine schöne Blume. Fehlt deiner Meinung nach noch irgend etwas?"

Der Junge antwortete, daß ihm absolut nichts zu fehlen schien.

„Und doch fehlt noch etwas. Monsignore und Ruth wissen es, aber dich haben wir in das Geheimnis noch nicht eingeweiht."

Roger untersuchte die Tulpe erneut, mußte jedoch wieder bekennen, daß er keinen Mangel entdecken konnte.

„Als Blume nur zum Betrachten können wir nichts Besseres vollbringen, und doch fehlt noch etwas, nämlich der Lebensfunke, der sie erhält. Wir können ihn dieser oder irgendeiner anderen Blume nicht geben. Er muß aus einem anderen Reich kommen, und wir bitten erst darum, wenn wir sicher sind, daß das, was wir geschaffen haben, auch würdig dafür ist.

Weißt du, wir machen auch unsere Fehler, vor allem meine jungen Schüler und Schülerinnen. Wenn man lernt, gibt es einfach mal Pannen, aber das ist nicht schlimm. Wir führen die Elemente wieder ihrem Ursprung zu und beginnen aufs neue.

Manchmal stellen wir zum Beispiel fest, daß ein Blütenblatt noch nicht richtig gebildet ist. Eine Seite der Blüte ist vielleicht eine Spur höher als die andere, oder die Farbe mag noch nicht ganz unseren Vorstellungen entsprechen. Und so müssen wir noch einmal anfangen. Meinen Schülern bereitet das Lernen ein unglaubliches Vergnügen, aber die größte Befriedigung kommt doch erst, wenn sie Meister geworden sind und eine Blume oder eine sonstige Pflanze schaffen können, die so vollkommen wie das Bild ist."

„Woher kommt der Lebensfunke?" fragte Roger. „Muß man dafür eine Art Ritus vollziehen?"

„Meinst du einen religiösen Ritus?"

„Ja, so etwas Ähnliches."

„O nein. Wir senden eine Botschaft in jenes höhere Reich, von dem ich gesprochen habe, wo sie von jemandem empfangen wird. Alles, was wir wissen, ist, daß danach die Kraft, um die wir gebeten haben, rasch herunterströmt. Natürlich kommt sie eigentlich aus dem Ursprung aller Dinge, doch wird sie uns von einer anderen Persönlichkeit weitergegeben. Es ist ein natürlicher Vorgang, und die Tatsache, daß wir die Blume oder sonstige Pflanze geschaffen haben, ist genug. Unser Wunsch nach ihrer Belebung wird erfüllt, unserer Bitte wird unbedingt und ohne Zögern entsprochen. Für etwas Minderwertiges würden wir nicht darum bitten, obwohl wir die Kraft auch dafür haben könnten; doch unser natürlicher Stolz würde das nicht zulassen.

Zuerst prüfe ich alle Arbeiten meiner Schüler. Wenn eine leichte Veränderung oder Verbesserung notwendig ist, kann man sie ausführen, doch wenn nichts mehr zu retten ist, beginnen wir von neuem und beseitigen das mißlungene Werk.

Es ist alles ganz einfach, wenn man mal drin ist sozusagen. Wie bei vielem anderem auch ist es leicht, wenn man es kann."

„Das möchte ich nun doch nicht sagen — zumindest was mich betrifft", sagte ich. „Ich bin überzeugt, ich würde eine Blume hervorbringen, wie man sie noch nie gesehen hat und wahrscheinlich auch nie sehen wird."

„Ach komm, Monsignore, willst du es einmal selbst versuchen?"

„Ganz gewiß nicht. Ich wäre viel zu nervös, vor allem wo ihr drei mir zuschaut und nur darauf wartet, daß ich patze."

Sie lachten darüber, daß ich meine Feigheit so frank und frei zugab. „Übrigens gehen wir auch nicht so vor. Jeder neue Schüler geht mit mir in unser kleines Studierzimmer, wo wir unsere Experimente und ersten Schöpfungsversuche unter Ausschluß der Öffentlichkeit machen. Es gibt also überhaupt nichts Peinliches."

„Natürlich, mein lieber Freund, weiß ich das, aber trotzdem glaube ich nicht, daß es mir besonders gut gelingen würde", bekräftigte ich nochmals.

„Glauben Sie, daß es vielleicht noch irgendeinen freien Platz für einen weiteren Schüler gäbe?", fragte Roger, „denn wenn das der Fall ist, dann würde ich sehr gerne …"

„Einer werden", führte der Gärtner Rogers Satz zu Ende. „Es gibt mehr als genug Plätze. Aber ehe wir uns damit befassen, will ich diese Tulpe fertig machen. Es dauert nur einen Augenblick. Also."

Er nahm die Tulpe in die Hand, und wir sahen, wie augenblicklich ein Lichtstrahl auf sie herunterfiel. Es war vorbei, fast ehe wir es gesehen hatten.

„Nun", sagte er, „haben wir etwas ganz anderes. Riecht einmal."

Er schwenkte die Blume leicht vor uns hin und her, und sofort nahmen wir den zartesten Duft wahr.

„Leg deine Hände um die Blüte, Roger."

Roger tat es. „O", sagte er, „sie lebt! Ich spüre, wie die – ja was ist das, eine Art Elektrizität? – meine Arme hochsteigt."

„Nein, es ist keine Elektrizität, aber es ist doch Kraft. Es ist eigentlich das Leben, das du spürst, und die Blume gibt dir zu deinem Nutzen etwas davon weiter. Wir sind noch nicht ganz fertig. Stell den Topf auf den Tisch, dann nimm den Stiel der Pflanze und schüttle ihn ganz sanft, als ob du einen Wassertropfen von den Blütenblättern schütteln wolltest. Ja, genau so."

Als Roger diese einfache Handlung ausführte, ertönte ein ganz vollkommener Klang, wie das Klingen eines kleinen Silberglöckchens, ein reiner, süßer Ton.

Er wiederholte das Experiment immer wieder, so groß waren seine Überraschung und sein Entzücken.

„Tönen alle Blumen so, wenn man das macht?" fragte er.

„Ja, alle Blumen und auch viele andere Dinge. Das Wasser zum Beispiel. Dem kann man wundervolle Klänge entlocken, wenn man es in Bewegung bringt. Doch ehe die Tulpe den Lebensfunken erhielt, war sie stumm.

Also, du würdest gerne zu uns kommen. Wir würden uns freuen, dich bei uns zu haben, wann immer es dir genehm ist. Ruth und Monsignore sind im Augenblick dabei, dir alles zu zeigen. Wir haben viel Zeit. Schau dir zuerst die Welt – unsere Welt – an, – wie, Monsignore?"

„Also, es ist so, Roger", sagte ich. „Möchtest du sofort hier anfangen?"

„O nein, nicht jetzt gleich."

„Gut, dann setzen wir unsere Erkundungen fort und zeigen dir noch etwas mehr, und dann wird dich unser Freund gerne zu einem seiner Schüler machen. Ich kann dir alle Informationen geben, die dich interessieren könnten, so daß wir die Zeit unseres Freundes nicht so sehr in Anspruch nehmen müssen."

Und so wurde die Angelegenheit zu aller Zufriedenheit geregelt, und wieder war eine glückliche Seele noch glücklicher geworden.

11

Der Mann im Landhäuschen

„Sie haben noch andere Orte erwähnt, Monsignore", bemerkte Roger, „Orte, die nicht so angenehm sind wie diese hier."

„Richtig, Roger", antwortete ich.

„Wo sind sie denn?"

„Was ihre genaue Lage angeht, nun, so läßt sich das nicht so leicht sagen. Ich nehme an, du hast inzwischen bemerkt, daß die vier Himmelsrichtungen in diesen Reichen oder sonst irgendwo in der geistigen Welt keine Bedeutung haben. Das war, wie du dich erinnern wirst, eine Sache, die hätte aufkommen können, als du einmal fragtest, ob man sich hier verirren könne. Dennoch könnten wir dich zu jenen unangenehmen Orten führen. Willst du sie wirklich sehen?"

Der Junge schwieg einen Augenblick. „Vielleicht sollte ich mich lieber von Ruth und Ihnen führen lassen, ich meine von Ihrem Rat."

„Dann, mein lieber Junge, wenn du unsere Vorschläge hören willst, bin ich sicher, daß Ruth mir zustimmen wird, daß es besser wäre, wenn du dich von den dunklen Regionen noch eine Weile fernhieltest."

„Monsignore hat völlig recht, Roger. Geh nicht dorthin. Du weißt, daß wir alles in unseren Kräften Stehende für dich tun, aber jene scheußlichen Regionen sind noch nichts für dich. Später vielleicht. Laß dir von uns sagen — und Tausende können das bestätigen —, daß du dich danach ganz und gar nicht glücklich fühlen würdest. Du weißt doch, wie uns auf der Erde brennende Neugier manchmal dazu verleitet, uns etwas anzuschauen, von dem wir ziemlich genau wußten, daß wir es hinterher bereuen würden. Wir gaben der Versuchung nach, und unsere Vermutungen bestätigten sich. Das hier ist genau solch ein Fall."

„Dazu läßt sich noch folgendes sagen, Roger. Jene dunklen Reiche sind nicht die Hölle der Theologen, zu der die Menschen für alle Ewigkeit verdammt sind und die sie, einmal drinnen, nie mehr verlassen können. Jeder der gegenwärtigen Bewohner jener schrecklichen Orte hat die freie Entscheidung, sie zu verlassen, sobald er seinen Sinn ändert. Er kann sich genauso herausarbeiten, wie wir uns aus diesen herrlichen

Regionen in noch wunderbarere hinaufarbeiten können. Das Gesetz ist hier wie dort dasselbe und gilt für uns alle — dort und hier.

Und hier ist ein lebender Zeuge für meine Worte.

Siehst du das schmucke Landhäuschen dort drüben, Roger, mit den zwei hohen Bäumen? Nun, ich gebe keine Geheimnisse preis, wenn ich dir sage, daß der Bewohner dieses Häuschens einst in einer abscheulichen Hütte lebte, zwar nicht direkt in den dunklen Reichen, aber doch in den trostlosen, düsteren Regionen, die an sie angrenzen — in jener Art Zwischenreich der dunklen Reiche. Ah, unser Freund hat uns gesehen." Wir hatten den Besitzer des Landhäuschens in seinem Garten sitzen sehen, und nun winkte er uns zu.

„Sollen wir mit Roger hingehen, Monsignore?" schlug Ruth vor.

„Das wäre eine fabelhafte Idee, meine Liebe, wenn es Roger nichts ausmachen würde, sich die Geschichte unseres Freundes anzuhören. Sie ist nicht lang, noch erschreckend oder irgend etwas von der Art. Aber ich muß dir sagen, daß er es weitgehend Ruth zu verdanken hat, daß er sozusagen die Krise überstanden hat und aus seinem Unglück herausgekommen ist. Du kannst dir also sicher vorstellen, daß er Ruth als ein Wesen betrachtet, das gleich nach einem Erzengel kommt."

Ruth lachte.

„Also", sagte Roger, „ich finde, der Herr hat ganz recht. Er kann die Sache jedenfalls sehr gut beurteilen. Ich kann gut verstehen, was er fühlt, denn ihr beide habt schon in dieser kurzen Zeit so viel für mich getan."

„Nein, mein Junge. Wir haben nichts getan, was Millionen anderer nicht auch getan hätten. Aber wir dürfen Ruth nicht in Verlegenheit bringen. Ich sage dir etwas, Roger. Wenn es dir nichts ausmacht, unserem Freund zuzuhören, dann würdest du ihm einen sehr großen Gefallen tun. Er findet nämlich, daß er für die Hilfe, die ihm zuteil wurde, so viel Dank schuldig ist, daß er gar nicht genug dafür tun kann, und dadurch, daß er anderen davon erzählt, wie er wieder zum Guten zurückgeführt wurde, kann er seiner Meinung nach ein bißchen seine Dankbarkeit zeigen. Der Gute, er hat das Herz am rechten Fleck, und du wirst sehen, er geht — ganz schön mit sich ins Gericht."

„Ich dachte schon, Sie würden sagen, ‚er geht ran wie Blücher‘".

„Roger! Wie kannst du nur!" rief Ruth. „Wenn Monsignore das je zu Papier bringt — und das wird er wahrscheinlich tun —, was werden dann manche Menschen auf der Erde sagen?"

„'Trivialer Quatsch, das Ganze‘, meine Liebe", sagte ich. „Hoffentlich glaubst du nicht, Roger, daß unser Freund nach dem, was ich über ihn gesagt habe, ein alter Langweiler ist. Ganz und gar nicht. Aber ich glaube, du wirst feststellen, daß in diesem Falle seine einfache Geschichte eine Reihe von Fragen beantwortet, ohne daß du sie stellen mußt."

„Und wenn ich es nicht besser wüßte, dann würde ich sagen, daß Ihnen das eine ganze Menge Mühe erspart", sagte Roger grinsend.

„Klasse, Roger, das war ein Volltreffer gegen Monsignore", sagte Ruth.

„Er hat dich auch gemeint, Ruth", bemerkte ich.

Inzwischen waren wir auf Rufweite zu unserem Freund herangekommen, und er lief uns eilig entgegen.

„Ruth, Monsignore", rief er mit offensichtlicher Freude. „Das ist aber schön! Wir haben uns ja eine Ewigkeit nicht mehr gesehen. Und wer ist unser junger Freund hier? Ich hatte noch nicht das Vergnügen, ihn kennenzulernen."

Wir stellten Roger vor und erklärten, daß einer der Gründe, warum wir ihn in letzter Zeit nicht besucht hatten, darin lag, daß wir Roger mit seiner neuen Heimat bekanntmachten.

„Wie geht es?" fragte Ruth.

„Nun, meine Liebe, es ist mir noch nie besser gegangen. Ob es wohl möglich ist, daß es uns überhaupt noch besser geht als jetzt?"

„Das wüßte ich auch gern, Sir", sagte Roger.

„Nun, meine Liebe, der junge Herr hier unterstützt mich in meiner Frage. Was hat also unsere kluge Dame dazu zu sagen?"

Unser Freund hängte sich bei Roger ein.

„Also, ich weiß nicht", antwortete Ruth lächelnd, „aber ich kann mir nicht vorstellen, daß es uns noch besser gehen könnte als jetzt. Vielleicht kommt es darauf an, was man für Vergleiche hat."

„Das muß genau der springende Punkt sein, und verglichen damit, wie es mir früher einmal ging, lebe ich jetzt in einem Zustand der Vollkommenheit. Man könnte ihn ‚das wiedergefundene Paradies' nennen, wenn ich nur sicher sein könnte, daß ich das Paradies je besaß und verlieren und wiedergewinnen konnte. Aber kommt doch herein. Unser neuer Freund soll sehen, wie ein kleines Landhaus in der geistigen Welt aussieht."

Das kleine Haus war innen so schmuck und proper wie außen, und alles war äußerst kultiviert und geschmackvoll eingerichtet und doch mit einem Blick auf größte Bequemlichkeit und vergnüglichen Aufenthalt. In dem Zimmer, das wir direkt vom Garten aus betraten, gab es Stilmöbel, die gut gebaut und schön anzusehen waren. Sie waren auf Hochglanz poliert, und in ihnen spiegelten sich die Vasen mit Blumen, die es überall gab. Die anderen Zimmer oben und unten waren ähnlich ausgestattet, und der ganzen Behausung merkte man den natürlichen Stolz und die liebevolle Fürsorge ihres Besitzers an.

„Ich bekenne ohne Scham, Roger, mein Freund, daß sich dies hier ganz wesentlich von dem Ort unterscheidet, an dem ich lebte, als ich in die geistige Welt kam, wie Ruth, Monsignore und natürlich Edwin bestätigen werden. Wo ist Edwin eigentlich? Warum ist er nicht bei euch?"

„Er war in der letzten Zeit sehr beschäftigt", antwortete Ruth, „und bis auf einen flüchtigen Besuch haben wir ihn kaum gesehen. Roger war einer unserer eigenen Fälle — gefällt es dir, wenn man dich als Fall bezeichnet, Roger? — und wir beschlossen, uns die Zeit zu nehmen und ihn herumzuführen."

„So daß ihr also für ihn das tut, was Edwin für euch getan hat. Erinnert ihr euch noch an euren ersten Besuch bei mir? Natürlich, und auch ich werde ihn nie vergessen."

„Wenn es dir recht ist, dann erzähl doch Roger davon."

Unser Freund überlegte einen Augenblick. „Ja, natürlich, wenn ihr wollt", sagte er, „aber er sollte erst wissen, wie es kam, daß ich damals an einem so abscheulichen Ort lebte.

Als ich noch auf der Erde war, Roger, war ich ein erfolgreicher Geschäftsmann. Das Geschäft war das Wichtigste für mich in meinem Leben, denn ich dachte kaum an etwas anderes und hielt in meinen Geschäften mit anderen alle Mittel für richtig, vorausgesetzt, sie waren legal. Solange sie das waren, spielte das andere keine Rolle, so meinte ich. Daher verfolgte ich meine Ziele unbarmherzig, und da ich das mit außerordentlicher Tüchtigkeit verband, war ich wirtschaftlich sehr erfolgreich.

In meinem Heim drehte sich alles nur um eine einzige Person, nämlich um mich. Die übrige Familie tat, was man ihr sagte — und ich hatte das Sagen.

Ich gab immer dann großzügige Spenden, wenn ich meinte, daß mir das den größten Nutzen und die größte Ehre einbringen würde. Ich hielt nämlich nichts von Anonymität, wenn es um mich ging. Wenn irgend etwas gespendet werden sollte, dann sorgte ich dafür, daß mein Name auch genügend bekannt wurde. Selbstverständlich unterstützte ich die Kirche in der Gemeinde, in der ich lebte, und finanzierte einige Anbauten, wobei ich mich als Spender ins rechte Licht rückte.

Das Haus, in dem ich wohnte, gehörte mir und entsprach in Größe und Lage durchaus meiner Stellung in der Welt. Ich betrachtete mich in jeder Beziehung als ein Gott, Roger. Erst als ich in die geistige Welt kam, entdeckte ich, daß ich einer war, der auf tönernen Füßen stand, der erbärmlichste, schäbigste Gott, den es je gab.

Ich hatte die Lebensmitte nur um ein oder zwei Jahre überschritten, als mich die Krankheit ereilte und ich schließlich ‚starb‘.

Ich weiß nur zu gut, daß ich eine prächtige Beerdigung bekam mit all dem üblichen Prunk, der angemessenen Trauer und so weiter, wenn ich auch seither erfahren habe, daß es keine einzige Seele gab, die sich auch nur einen Deut darum scherte, daß ich hinübergegangen war. Im Gegenteil, sie waren froh darüber. Manche erklärten, daß mich nun schließlich doch der Teufel geholt habe. Andere sagten, daß ich alleine schon die Existenz der Hölle rechtfertige, und daß die Erde ein angenehmerer Ort sei, seit ich nicht mehr auf ihr weilte. Das war also die süße Erinnerung, die ich hinterließ. Und was glaubst du, wo ich während all dieser Trauerklagen über mein Hinscheiden war? Ich kam in dem dreckigsten, elendesten Loch zu mir, das du dir vorstellen kannst. Ich könnte dich augenblicklich hinführen, denn es ist noch da. Das Haus — die elende Hütte — war klein und erschien mir umso kleiner nach dem geräumigen Haus, das ich auf der Erde gewohnt gewesen war. Es befand sich an einem schrecklichen, düsteren Ort, ohne Garten oder irgend etwas Lebendiges. Das Innere paßte ganz zum Äußeren und war ärmlich und sparsam eingerichtet.

Auf den ersten Blick hätte man glauben können, daß hier Armut das Problem war. Und das war es ja auch — aber die Armut der Seele —, denn ich hatte auf Erden niemals irgend etwas für andere getan, außer es war letzten Endes zu meinem und nicht zu ihrem Vorteil.

Selbst die Kleider, die ich trug, waren zerschlissen und schmutzig. In diesem jämmerlichen Loch fand ich mich also und kochte vor Zorn, daß ich auf ganz unbegreifliche Weise in einen solchen Zustand des Elends gestürzt worden war. Ich konnte das Haus offenbar nicht verlassen, ja ich fühlte mich an es gebunden. Ich starrte zu den Fenstern hinaus und sah nichts als ödes Land, das in nicht allzu großer Ferne von einer Nebelwand umgeben war, eine düstere, trostlose Aussicht im wahrsten Sinne des Wortes. Ich tobte und wütete, und in dieser Lage fand mich Edwin.

Er kam eines Tages zu mir, und ich behandelte ihn, wie ich auf der Erde die behandelt hatte, die ich für meine Untergebenen hielt. Nun war Edwin der letzte, mit dem man so sprechen konnte. Du bist ihm noch nicht begegnet, Roger, nicht wahr? Er ist ruhig und freundlich, aber bestimmt, Er ließ sich von mir nichts gefallen, das kann ich dir sagen, aber bei meinem damaligen Gemütszustand konnte er nichts ausrichten.

Ich war ganz und gar von Zorn erfüllt, einem Zorn, der noch dadurch verstärkt wurde, daß ich nicht wußte, wer an meiner gegenwärtigen Lage schuld war. Der letzte, dem ich dafür die Schuld gegeben hätte, war ich selbst. Ich fand jedoch einen gewissen Trost darin, daß ich die Verantwortung *der* Institution zuschrieb, die meiner Meinung nach den größten Anteil daran hatte, nämlich der Kirche, denn ich fand, daß sie mich in die Irre geführt hatte. Hatte ich mich der Kirche gegenüber nicht als großzügig erwiesen, und hatte man mich nicht glauben lassen, daß mir meine Spenden — und es handelte sich dabei um beträchtliche Summen — gute Dienste leisten würden, wenn für mich die Zeit käme, die Erde zu verlassen? Ich war der Meinung, daß mir große Ungerechtigkeit widerfahren war und daß die Kirche, als deren Zierde und Stütze ich mich betrachtete, mich schändlich irregeführt hatte und daß ich jetzt für ihren Fehler bezahlen mußte.

An wen sollte ich mich in meiner schwierigen Lage wenden? Es war mir völlig klar, was geschehen war und daß ich mit anderen Worten ‚tot‘ war. Aber das bloße Wissen davon nützte mir herzlich wenig.

Ich muß wohl in Gedanken so etwas wie eine Bitte um Beistand ausgesandt haben. Was immer es auch gewesen sein mag, ich sah jedenfalls plötzlich einen Mann auf das Haus zukommen, und dieser Mann war Edwin. Es war der erste von vielen Besuchen, die er mir abstattete und die alle gleich ausgingen. Ich war unerbittlich. Ich war auch außerordentlich grob. Aber Edwin war nicht der Mann, der sich von jemandem wie mir hätte einschüchtern lassen, und er zahlte mir mit gleicher — ja noch besserer — Münze zurück, was ich ihm gab! Er konnte sozusagen immer das letzte Wort haben, denn er ging einfach, wenn ich zu widerspenstig wurde.

Schließlich kehrte er zurück, aber diesmal war er nicht alleine, denn er brachte zwei Freunde mit (und noch jemanden, den ich manchmal in dieser Gegend gesehen hatte), dieselben beiden Freunde, die sich jetzt um dich kümmern, Roger — Monsignore und Ruth.

Im Rückblick weiß ich, daß dieser Besuch der Wendepunkt war. Ruth und Monsignore standen in meinem Zimmer und hielten sich sehr taktvoll im Hintergrund, während Edwin mit mir sprach. Ich spürte, daß ich ein ganz klein bißchen weniger zornig war, und mein Blick ging ständig zu Ruth, worauf ich einen ersten Lichtschimmer sah, wenn ich mich so ausdrücken darf.

Ruths Gegenwart erinnerte mich daran, daß ich eine Tochter hatte, wenn ich sie auch ebenso abscheulich wie die anderen behandelt hatte. Es bestand keine äußerliche Ähnlichkeit zwischen Ruth und meiner Tochter, sondern mehr eine des Temperaments, so weit ich das beurteilen konnte. Was immer es auch war, ich begann mich bereits anders zu fühlen. Das, verbunden mit allem, was Edwin mir bei so vielen Gelegenheiten gesagt hatte, tat seine Wirkung. Nachdem meine Besucher gegangen waren, überkam mich eine entsetzliche Einsamkeit und eine tiefe, düstere Reue, die so stark war, daß ich in meiner Verzweiflung laut nach Edwin schrie, dessen Gegenwart ich so oft mit Verachtung zurückgewiesen hatte. Ich hatte inzwischen nämlich gründlich nachgedacht.

Du kannst dir meine Überraschung und Freude vorstellen, als ich Edwin fast im selben Augenblick meines Hilfeschreis auf das Haus zukommen sah. Ich empfing ihn an der Türe und war — wie er selbst sagen würde — ein anderer Mensch.

Als erstes dankte ich ihm dafür, daß er so prompt gekommen war — und ich war es nicht gewohnt, anderen für etwas zu danken. Als nächstes entschuldigte ich mich bei ihm für alles, was ich gesagt und getan hatte. Aber er wischte meine Worte mit einem strahlenden Lächeln beiseite, das deutlich zeigte, wie sehr er sich darüber freute, daß ich auf dem Wege war, ein ganz anderer zu werden als der aufgeblasene Egoist und — geistig gesehen — der Schurke, der ich war, als ich in die geistige Welt kam.

Edwin setzte sich sofort hin und ging daran, mit mir die Mittel und Wege zu diskutieren, wie ich aus dem Höllenloch, das mir als Behausung diente, herauskommen könnte. Es wurde eine Vorgehensweise beschlossen, wobei ich das Beschließen Edwin überließ, denn ich gab mich ihm ganz in die Hände, und für den Augenblick wurde festgelegt, daß ich noch für eine kurze Zeit bleiben sollte, wo ich war, und daß ich ihn nur zu rufen brauchte, und er würde sogleich kommen.

Nachdem er fort war, schaute ich mich in meinem Haus um, und es schien auf seltsame Weise viel heller zu sein, als es gewesen war. Es war zweifellos weniger ärmlich, und meine Kleider waren nicht mehr ganz so schäbig, und diese Entdeckung trug dazu bei, daß ich mich viel glücklicher fühlte.

Ich will dich nicht mit all den Kämpfen, den harten Kämpfen langweilen, die ich wegen meiner Vergangenheit durchstehen mußte. Es war schwere Arbeit, aber es fehlte mir nie an Freunden. Ich brauche mich nur in diesem Zimmer umzusehen, um wenigstens zwei zu entdecken. Du siehst mich jetzt, Roger, so anders, als ich früher war, daß es ein Unterschied wie Tag und Nacht ist. Ich arbeite immer noch schwer, und ich bin froh darüber. Meine Arbeit? Nun, ich tue jetzt für andere, was Edwin für mich getan hat — und ich tue es für dieselbe Art Menschen! Es ist leichter, mit ihnen umzugehen, wenn man einmal zu ihnen gehört hat", fügte unser Gastgeber mit einem vergnügten Lachen hinzu.

„Es gibt einen Trost", fuhr er fort. „Auf der Erde haben sie mich inzwischen vergessen. Sonst würden sie mich für noch schlimmer halten als den alten Scrooge, den Sünder in Dickens' Weihnachtsmärchen, und sie würden darauf hinweisen, daß sich Scrooge letzten Endes doch noch gebessert hat und ein anständiger Bürger geworden ist, während ich ohne Reue gestorben bin. Das stimmt zwar, aber sie wissen nicht, daß ich meine Ansichten seither doch etwas geändert habe, und sie würden mich nicht mehr wiedererkennen.

Aber vielleicht finden sie es eines Tages noch heraus, und das wird dann eine Überraschung sein!"

12

Torheit der Philosophen

„Roger, würdest du diese Reiche der geistigen Welt als eine traurige Imitation der Erde bezeichnen?" fragte ich unseren jungen Freund.

„Du lieber Himmel, nein! Wer hat denn das behauptet?"

„Der Mann, an den ich dabei ganz besonders denke — wenn er auch nicht der einzige dieser Art ist —, lebt auf der Erde und wird von seinen Freunden und ein oder zwei Leuten, die an ihm verdienen, als Philosoph betrachtet. Die Wahrheit ist aber, daß er ein bißchen was über eine Sache weiß, jedoch nie zögert, eine ganze Menge zu allem möglichen zu sagen. Seine Freunde und Bewunderer halten ihn natürlich für ein unfehlbares Orakel und lauschen atemlos jedem seiner Worte — so sagt man, glaube ich. Er ist stets mit dogmatischen Erklärungen zu allem und jedem auf der Erde zur Hand. Früher oder später taucht jedoch zwangsläufig ein Thema auf, das nichts mit der Erde zu tun hat. Es wird ihn jemand fragen, ob er an ein ,Jenseits' glaubt und wenn ja, was für ein Ort das seiner Meinung nach ist. Das ist dann der Moment, wo es schwierig wird.

Der große Philosoph — und es gibt viele, denen dieser Titel aus den fadenscheinigsten Gründen zuerkannt wird — hat keine Ahnung von der Sache, aber das ist kein Hindernis, und so nimmt er Bezug auf Literatur, die sich mit diesem Thema befaßt, die er jedoch nicht gelesen hat und von der er nur einiges bruchstückhaft gehört hat. Eine seiner dümmsten Äußerungen hat mit der Frage zu tun, die ich dir eben gerade stellte, daß die geistige Welt nämlich eine traurige Imitation der Erde sei, die seiner Schätzung nach ein Ort ist, an dem man viel, viel besser leben könne.

Ein weiterer Einwand, den er vorbringt, betrifft die Qualität und den Inhalt der geistigen Lehren, die von Zeit zu Zeit zur Erde gesandt werden.

Erinnerst du dich an den Text aus der Heiligen Schrift über Nächstenliebe, Roger? Eine vernünftige Sache, was?"

„O ja, ich habe Predigten darüber gehört, manchmal, wenn ich zur Kirche ging."

„Was wohl nicht sehr häufig der Fall war. Ich meine den Kirchgang, nicht die Predigten über Nächstenliebe."

Roger und Ruth lachten beide. Unser Witz und Humor mag ja nicht besonders hochstehend und sprühend sein, aber das soll er auch gar nicht sein. Wir machen dieselben Scherze, wie sie bei Freunden im häuslichen Kreis auf Erden üblich wären, ja üblich sind. Und ich möchte, daß ihr wißt, daß wir auch gerne unsere häuslichen Kreise hier in der geistigen Welt haben. Wir behalten gern unsere kleinen Späße bei, wie gering sie auch angesehen werden mögen. Humor gehört zu den wesentlichen Dingen dieses Lebens. Es macht uns Freude, wenn wir unsere Freunde und Gefährten zum Lächeln bringen, eben so, wie wir uns über ihre witzigen Bemerkungen freuen. Mit anderen Worten, wir sind ganz menschlich, auch wenn es auf der Erde gegenteilige Vorstellungen gibt. Zweifellos wird vieles von dem, was ich hier für euch niederschreibe, als trivialer Unsinn betrachtet werden. Doch läßt sich zumindest das Folgende zu meinen Gunsten sagen: Es ist nicht annähernd so trivial oder unsinnig wie die meisten grandiosen Äußerungen irdischer Philosophen, wenn sie ihre Meinung über die geistige Welt und über uns, die wir in ihr leben, darlegen. Was diese Herrn dann davon halten, wenn sie selbst herüberkommen, ist eine ganz andere Sache.

„Nun, Roger, wenn du jene Predigten über Nächstenliebe hörtest, dann hieltest du das doch sicherlich für eine vernünftige Lehre, die über jeden Zweifel erhaben war."

„Ja, natürlich."

„Und du hattest ganz recht. Das Gebot kam ursprünglich von einem, der genau wußte, wovon er sprach. Und unser großer Philosoph wäre völlig einig gewesen mit dem Verkünder dieser Lehre, daß Nächstenliebe zentral wichtig ist und so weiter. Sie ist ja auch zentral wichtig, und geistige Lehrer sind seit undenklichen Zeiten ‚darauf herumgeritten', und sie werden das auch weiterhin tun, solange es eine irdische Welt gibt, zu der sie sprechen können. Aber wie, glaubst du, fällt der Kommentar zu solchen Lehren aus der geistigen Welt aus, wenn sie auch nur einer dieser berühmten Herren Philosophen betrachtet?"

„Ich habe keine Ahnung."

„Er sagt: ‚verstaubte religiöse Erbauung.' Elegant, nicht wahr? Erkennst du nicht, was da für ein gewaltiger Geist am Werk ist? Der Pfarrer predigt ihm Nächstenliebe von der Kanzel, und er ist gebührend beeindruckt und völlig einverstanden. Der Lehrer aus der geistigen Welt spricht ihm davon, und sie wird zur verstaubten Erbauung."

„Monsignore geht dieses Thema sehr unter die Haut, Roger", sagte Ruth; „uns allen geht es so, weil früher oder später einer dieser Herren unausweichlich zu uns kommt, und das bedeutet dann schwere Arbeit und eine sehr mühselige Arbeit für den, der den Auftrag erhält, sich um ihn zu kümmern."

„Weißt du, Roger, wir haben ja nicht nur Ärger mit diesen Herren selbst. Ihre schädlichen Ansichten werden von ihren ziemlich zusammengewürfelten Anhängern gelesen, aufgenommen und als profunde Wahrheiten behandelt, so daß auch andere in einem ähnlichen Stand der Unwissenheit hier ankommen, wenn nicht irgend etwas geschieht, was sie veranlaßt, ihre Meinung zu ändern."

„Mit anderen Worten", sagte Roger, „die Fehler der irdischen Welt müssen hier richtiggestellt werden."

„Ja, ganz genau. In deinem Fall war das für Ruth und mich geradezu eine Erholung. Was einzelne Fälle so schwierig macht, ist der Umstand, daß der Neuankömmling nichts von diesem Leben weiß und dazu noch falsche Vorstellungen davon hat. Du hast auch nichts gewußt, und zum Glück hattest du überhaupt keine Vorstellungen. Ich sage das nicht geringschätzig, mein lieber Junge. Das weißt du. Dein Geist war klar und frei von allen dummen Vorstellungen – bis hin zu Harfen und Flügeln.

Einer der sinnlosesten Vorwürfe, die diese gelehrten Herren vorbringen, ist der, daß alle Durchgaben aus der geistigen Welt englisch seien, so daß die geistige Welt eine rein englische sei und alle anderen Völker ganz und gar ausgeschlossen seien."

„Menschen anderer Länder könnten dasselbe sagen."

„Genau. Der Franzose könnte zum Beispiel sagen, daß die ganze geistige Welt anscheinend französisch sei, weil in Frankreich alle Durchgaben aus der geistigen Welt französisch sind. Dasselbe könnte überall auf der Welt gesagt werden. Kannst du dir vorstellen, was passieren würde, wenn sich eine Gruppe dieser hochintelligenten und skeptischen Philosophen treffen würde, einer aus jeder Nation? Sie wären alle in einer etwas schwierigen Lage, denn jeder würde sozusagen aus patriotischen Gründen die Ansprüche seines Landes anmelden wollen, gleichzeitig aber die Klage vorbringen, daß die geistige Welt anscheinend seinem Land allein gehöre. Das Ganze würde wahrscheinlich so ablaufen, wie wir es von den internationalen Konferenzen zur Erhaltung des Friedens gewohnt sind."

„Ich nehme an, daß die Menschen anderer Nationen genauso sterben wie wir."

„Ganz richtig, mein Junge. Das ist ganz offensichtlich, aber doch nicht so offensichtlich, daß unsere weisen Philosophen es erkennen könnten."

„Ist denn dieser Teil der geistigen Welt englisch?"

„Was würdest du dem bloßen Augenschein nach sagen?"

„Ich würde sagen, daß es, wenn man einmal von den Unterschieden zwischen dieser Welt und der Erde absieht, ganz entschieden eine Ähnlichkeit mit der Landschaft früher zu Hause gibt."

„Ja, und die Häuser sind auch ähnlich. Wir sind bisher noch nicht sehr weit herumgekommen. Bisher hast du keine nennenswerten Berge, geschweige denn hohe Gebirge gesehen. Doch es gibt sie. Und die Menschen, denen du bisher begegnet bist?"

„Nun, da sind Ruth und Sie, und Sie haben von Edwin gesprochen."

„Alle drei englisch wie du."

„Dann ist da Radiant Wing und Omar und sein Freund."

„Genau! Der erste ist Indianer, der zweite Chaldäer und der dritte Ägypter. Dieses Trio ist fast schon international. Du hast unseren Freund im Landhäuschen vergessen. Er ist auch Engländer.

Die Frage ist: Bei welchem Volk hast du erwartet — oder würdest du erwarten — dich nach deinem Weggang von der Erde wiederzufinden?"

„Also darüber habe ich nie nachgedacht. Wohl bei Engländern."

„Sprichst du außer deiner eigenen Sprache noch andere?"

„Nein, keine einzige, außer etwas Latein von der Schule her."

„Es wäre also entschieden unangenehm für dich gewesen, wenn du zum Beispiel unter Chinesen aufgewacht wärst."

„Ich wäre wahrscheinlich zu Tode erschrocken."

„Du liebe Güte, warum denn? Die Chinesen sind reizende Leute, freundlich und rücksichtsvoll und stets hilfsbereit. Siehst du, mein lieber Junge, was du sagst, unterstreicht nur die Dummheit der Herren Philosophen mit ihren falschen Vorstellungen davon, daß die geistige Welt eine ausschließlich englische Welt sein muß. Es·gibt nicht einen von ihnen, der nicht ganz ähnliche Gefühle hätte, wie du sie eben beschrieben hast.

Ruth und ich sind einigen von ihnen begegnet, und sie waren nur allzu glücklich, ihre Muttersprache, also Englisch zu hören, so wie wir mit dir gesprochen haben. Und dasselbe gilt für die Franzosen und die Chinesen und alle anderen auch.

Wie du weißt, beseitigt die persönliche Kommunikation durch

Gedanken jegliche Schwierigkeit in Punkto Sprache. Dieser Prozeß kennt keine Nationalität. Aber wenn die Menschen hier in diesem Reich zu sich kommen, dann benützen sie ihre Sprechwerkzeuge, und wir tun das auch. Das ist doch nur natürlich.

Was hattest du denn für Eindrücke, als du die Augen aufschlugst in unserem Zimmer neben dem Fenster?"

„Nun, ich habe mich ganz sicher irgendwie zu Hause gefühlt. Das Zimmer war so, wie es mir vertraut war, und der Blick durchs Fenster bot mir ganz sicher ebenfalls etwas Vertrautes."

„Genau. So sollte es auch sein. Du siehst also, daß hinter all dem vernünftige Gesetze stehen — und nichts, was jene klugen Leute auf der Erde sagen oder denken können, wird daran etwas ändern."

„Dann müssen andere Völker wohl irgendwo anders leben — ach, das ist eine dumme Bemerkung. Natürlich müssen sie anderswo leben."

„Ja, Roger. Jedes Volk auf Erden hat einen Ort in der geistigen Welt. Die Menschen sind gern unter sich, und es gibt keinen Grund, warum sie es nicht sein sollten. Wäre es denn richtig oder vernünftig, die Menschen einer bestimmten Volkszugehörigkeit oder mit einem bestimmten Volkscharakter anderen aufzudrängen? Zumindest anfangs doch nicht.

Und was die Landschaft betrifft, so ziehen die Völker ihre eigene Landschaft vor, wie schön auch immer die anderer Völker sein mag. Hier können sie das finden. Und auch das ist richtig und natürlich."

„Aber wie steht es mit Omar und seinem Freund?"

„Ah, die gehören zu einer ganz anderen Kategorie. Wo sie leben, haben Völker keine Bedeutung mehr, denn die Menschen selbst sind über jede Volkszugehörigkeit erhaben. Radiant Wing gehört auch dazu. In dem Reich, das ihm angemessen ist, verliert er seine Volkszugehörigkeit, wenn auch nicht seine rassentypische Individualität, wenn du verstehst, was ich meine."

„Ich fürchte, nein."

„Das ist meine Schuld, nicht deine. Was ich meine, ist, daß Radiant Wing seine besonderen Gesichtszüge beibehält ebenso wie Omar, daß aber das Volk, zu dem er früher gehörte, für ihn keine Bedeutung mehr hat, so daß sich Radiant Wing und Omar als Mitglieder aller Völker oder auch keines Volkes betrachten, je nach dem.

Es gibt endlose Einwände, die unsere philosophischen Genies gegen die eine oder andere Sache vorbringen."

„Mit ist aufgefallen, daß Omar und sein Freund englisch sprechen, und zwar ohne jeglichen Akzent."

„Das ist einer der Einwände, die ich erwähnte. Kannst du irgend einen Grund sehen, warum Omar nicht englisch oder irgend eine andere Sprache sprechen sollte?"

„Nein, wenn er es doch möchte."

„Wenn er es möchte. Ganz genau, Roger. Wenn seine besondere Aufgabe dadurch leichter oder überhaupt erst möglich würde, denn wird er es tun.

Zufällig hat Omar Freunde auf der Erde, die übrigens auch meine Freunde sind. Es erhob sich die Notwendigkeit, daß er mit diesen Freunden englisch sprach. Zunächst konnte er kein Englisch, und sie konnten bestimmt kein Wort Chaldäisch. Was war da zu tun? Es war von Anfang an klar, daß sie nicht Chaldäisch lernen konnten, aber es war ebenfalls klar, daß Omar mit größter Leichtigkeit Englisch lernen konnte. Und das tat er dann auch ohne die geringste Mühe.

Du weißt, was das Gedächtnis hier leisten kann. Wenn man einmal etwas aufgenommen hat, bleibt es haften. Omar könnte also jede Sprache so gut lernen, daß er sie fließend sprechen kann, in einer Zeitspanne, wo die Menschen sich noch Gedanken darüber machen. Du wirst dich daran erinnern, daß Radiant Wing unsere Sprache gut genug beherrscht, um sich für seine Arbeit auf der Erde bequem verständlich zu machen. Omar wollte sich auch verständlich machen können, aber anders und umfassender. Er wollte über eine große Bandbreite von Dingen so klar wie möglich sprechen können, und so drang er tief in die englische Sprache ein. Das gleiche gilt für uns alle hier. Wenn du, mein Junge, irgend eine Sprache lernen willst, sei es um sie aktiv anzuwenden — ich meine zu sprechen —, oder sei es um die Literatur in jener Sprache zu lesen, dann gibt es keine Macht, die dich daran hindern könnte. Du hast die Freiheit, in diesem Augenblick damit zu beginnen. Tausende von uns tun es jedoch nicht, weil es keinen Grund dafür gibt.

Weißt du, Roger, je höher du die geistige Leiter hinaufsteigst, desto weniger denkst du an Volkszugehörigkeit — und an Sprache als solche, wenn es nicht Arbeit auf der Erde gibt, die den Gebrauch einer Fremdsprache notwendig macht."

„Wie gelangt man hier denn in ein anderes Land?"

„Da gibt es verschiedene Möglichkeiten, per pedes ist eine davon."

„Aber Monsignore! Wie können Sie Roger zurechtweisen, wenn er so salopp daherredet, wenn Sie selbst fast genauso schlimm sind?" rief Ruth lachend.

„Du siehst, Roger, was du für einen schlechten Einfluß auf mich hast.

Da habe ich mir die ganze Zeit solche Mühe gegeben, auf das, was ich sage, aufzupassen und nicht ein einziges Wort oder einen einzigen Ausdruck zu verwenden, über den jene Leute auf der Erde, die glauben, wir müßten so sprechen, als würden wir vor einem ökumenischen Rat oder etwas ähnlich Langweiligem sprechen, die Stirn runzeln würden. Aber schlechte Beispiele verderben wohl gute Sitten.

Es ist gar nicht schwierig, in diesen Reichen in andere Länder zu kommen, oder um genau zu sein, in jene Gebiete, wo Menschen anderer irdischer Gebiete wohnen.

Du dachtest wohl vor allem an Grenzen, nicht wahr? Es gibt hier keine Grenzen. Du kannst kommen und gehen, wie du willst, und − was mehr ist − du wirst dort so willkommen sein, wie es die Bewohner jener Gegenden hier bei uns sind. Ja, wenn du so dahinwanderst, dann würdest du wohl kaum erkennen, daß du ‚dort‘ bist, außer daß sich die Landschaft vielleicht etwas ändert und die Behausungen.

In dieser Welt gibt es nur eine Grenze, an die du stößt, und das ist die Grenze zwischen einem Reich und dem nächsten, und diese Grenze ist unsichtbar, oder doch so gut wie unsichtbar. Eine Zu- oder Abnahme des Lichts, je nach dem. Wenn es diese Grenze nicht gäbe, dann wären gewisse unangenehme, ja sogar äußerst unangenehme Elemente versucht, in die nächst höhere Region einzudringen. Und vielleicht wären auch manche von uns versucht, höher hinauszuwollen, wie man wohl zu sagen pflegte. Es ist ein Naturgesetz, das da am Werk ist, und wie alle diese Gesetze funktioniert es immer reibungslos und ohne Schwierigkeiten. Das ist das Wunderbare daran. Es gibt keine Meinungsverschiedenheiten, kein Bestehen auf Rechten. Mit einem Naturgesetz kann man nicht streiten. Ich habe noch nie von jemandem gehört, der sich auf ein Bestreiten des Gesetzes der Schwerkraft auf der Erde einlassen würde. Es wäre jedenfalls ein einseitiger Streit, der wahrscheinlich mit einer Katastrophe enden würde.

Was diese speziellen Reiche betrifft, so kannst du sie mit Recht Cosmopolis nennen, denn du wirst hier Menschen jeder Nationalität unter der Sonne begegnen, wobei manche von ihnen kommen, andere gehen und wieder andere bleiben.“

„Ich kann das Kommen und Gehen verstehen, aber wieso bleiben manche?“ fragte Roger.

„Die beste Antwort darauf ist eine praktische Demonstration, wenn du auch schon eine bekommen hast, ohne es zu wissen.“

„Wirklich?“

„Ja, unser alter Freund Radiant Wing. "

„Gehört er denn nicht hierher?"

„Nein, überhaupt nicht. "

„Das ist ziemlich verwirrend. "

„Schockierend!"

„Monsignore ist eine schreckliche Plage für dich, Roger. Beachte ihn ganz einfach nicht. Ich weiß, was er meint. Komm, wir nehmen dich zu einem weiteren Besuch mit. "

„Genau, zu einem Besuch, der ein Vermögen wert wäre, wenn man ihn auf Erden machen könnte. "

Mit dieser kryptischen Bemerkung nahmen wir unseren jungen Freund mit zu einem Besuch in einiger Entfernung von unserem Haus.

13

Ein Haus im Wald

„Monsignore, würden Sie mir jetzt bitte erklären, aber in einfachen Worten, wenn ich bitten darf, was Sie meinten mit ‚manche bleiben‘, als Sie von Menschen anderer Volkszugehörigkeiten sprachen?"

„Recht so, Roger", sagte Ruth, „gib nur nicht nach."

„Aber natürlich, mein lieber Junge. Daran ist nichts Geheimnisvolles. Was ich meinte, war, daß manchmal Menschen in bestimmten Reichen hier leben, obwohl sie aufgrund ihres geistigen Fortschritts dazu berechtigt sind, in einer höheren Sphäre zu leben."

„Warum bleiben sie denn dann hier?"

„Weil es sehr gute Gründe für ihr Bleiben geben kann. Manche mögen es vorziehen, aus rein privaten Gründen hier zu verweilen, aus Gründen der Zuneigung zwischen zwei Menschen. Es mag vorkommen, daß zwei Menschen, zwischen denen ein starkes Band besteht, zu verschiedenen Ebenen geistiger Entwicklung gehören und daher in verschiedenen Reichen leben. In solchen Fällen ist es keineswegs selten, daß derjenige, der eigentlich das Recht hat, in einem höheren Reich zu leben, bei dem bleibt, der noch nicht so hoch entwickelt ist, bis zu dem Zeitpunkt, wo letzterer auch so fortgeschritten ist, und dann steigen die beiden gemeinsam in ihr neues Reich auf und schreiten so ungetrennt weiter. Da ist *ein* Fall.

Es gibt jedoch noch einen anderen, wie ich glaube, häufigeren: wenn nämlich eine bestimmte Beschäftigung die Menschen so in Anspruch nimmt, daß sie lieber in einem weniger hohen Reich arbeiten. Unser Freund Radiant Wing ist ein Beispiel dafür. Diese Menschen arbeiten für die noch auf der Erde Inkarnierten, Roger, und wenn sie auch einen Großteil ihrer Zeit hier in diesen Regionen verbringen, so reisen sie doch immer wieder in ihr Heim in den höheren Reichen, so daß sie Bewohner beider Reiche sind. Sie führen also ein Doppelleben!"

„Klingt das nicht eigentlich ganz schrecklich?" rief Ruth aus.

„Ja, nicht wahr! Und Tausende von Menschen auf der Erde führen übrigens ebenfalls ein Doppelleben. Während sie wach sind, leben sie auf der Erde, und wenn sie schlafen, sind sie in der geistigen Welt. Auf diese Weise kommt es zu wunderbaren Begegnungen zwischen Freunden und Verwandten, Roger. Aber das ist eine andere Geschichte."

Wir hatten bereits eine beachtliche Strecke zurückgelegt, als wir einen Teil des Landes erreichten, der dicht bewaldet war, und wir betraten einen schönen Kiefernwald. Schließlich kamen wir zu einer Lichtung, und vor uns lag ein äußerst attraktives Haus, nicht sehr hoch, aber breit, als habe man mehrere Bungalows zu einem Gebäude zusammengesetzt. Es gab an mehreren Stellen Beete, die vor Blumen überquollen, aber man hatte nicht versucht, den das Haus umgebenden Grund in einen formalen Garten zu verwandeln. Der Ort hatte etwas Verwildertes, ohne jedoch auch nur im geringsten unordentlich zu wirken. Dem Betrachter erschien er wie ein Hafen der Ruhe und des Friedens, wenn das auch in keiner Weise außergewöhnlich war, da es ja möglich ist, ohne die geringste Schwierigkeit selbst im Herzen der Stadt absolute Ruhe und Frieden zu finden.

Ruth und ich hatten dieses Haus schon bei vielen Gelegenheiten besucht, aber für Roger war es neu, und deshalb erwartete uns der Hausherr an der Türe.

„Mein lieber Monsignore, meine liebe Ruth", sagte er, „ihr seid genau im richtigen Augenblick gekommen. Ich habe nämlich etwas für euch — zumindest für Ruth."

Wir stellten Roger vor und erklärten kurz unsere Mission und unser Vorgehen. Roger und unser Freund begrüßten sich herzlich, und wir wurden sogleich eingeladen, ins Haus zu kommen.

„Nenn unseren Freund Peter Iljitsch", flüsterte ich Roger zu, „und mach dich auf Überraschungen gefaßt."

Eine ließ nicht lange auf sich warten. Wir wurden in ein geräumiges Zimmer geführt, das sowohl als Arbeits- als auch als Wohnzimmer diente. An einem breiten Fenster stand ein großer Tisch, auf dem viele Notenblätter ausgebreitet lagen, von denen manche bereits beschrieben waren, während ein Stapel leerer Bögen darauf wartete, beschrieben zu werden, und es war offensichtlich, daß hier tatsächlich gearbeitet wurde.

An der Wand stand eine große, breite Couch, auf der ein alter Freund von uns saß, der sich bei unserem Eintreten erhob. Er wurde Roger als Franz Joseph vorgestellt und nahm dann wieder Platz.

Was sofort die Aufmerksamkeit unseres Jungen auf sich zog, waren die Gefährten von Franz. Auf der Couch saß nämlich ohne Frage unser alter Bekannter, der Puma, mit dem Franz Joseph jetzt spielte, während auf der Lehne der kleine graue Spatz saß, der fleißig damit beschäftigt war, seine Lungen zu üben, und eifrig zwitscherte.

„Ihr kennt euch bereits, das sieht man", sagte Peter Iljitisch, denn der Vogel war sofort auf Rogers ausgestrecktem Finger geflogen.

Wir fragten Peter, was das Paar hier in seinem Haus mache.

„Nun", sagte er, „ich war eines Tages bei ihnen zu Hause und beobachtete ihre amüsanten Kapriolen. Dabei kam mir eine Musik, die genau zu ihren tollen Sprüngen paßte. Ich fand, es wäre schade, diese Musik nicht niederzuschreiben, und so lieh ich mir die beiden von Radiant Wing aus, damit ich sie hier bei mir haben und sie in Ruhe beobachten konnte. Er hat sie mir freundlicherweise auf unbestimmte Zeit überlassen. Ihre Kapriolen sind nie ganz dieselben. Du weißt wohl, Roger, daß Radiant Wing Erster Vormund und Freund z. b. V. für sie ist und im besonderen Auftrag für seine beiden Freunde auf der Erde handelt, die alle zusammen die ganz besonderen Freunde dieser beiden Racker sind. Ich habe an dieser Musik gearbeitet, als ihr kamt."

„Heißt das, daß wir dich ernsthaft gestört haben?" fragte Ruth.

„Keineswegs, meine liebe Dame", antwortete Peter. „Als ich sagte, ich hätte etwas für dich, meinte ich gerade dieses Musikstück. Die Klavierfassung ist bereits fertig. Ich dachte, du hättest sie vielleicht gern. Jetzt arbeite ich am Orchesterarrangement, das — wie ich glaube — ganz entschieden effektvoll sein wird. Es wird sich nur wenig von der Klavierfassung unterscheiden. Es ist voller, mit mehr Verzierungen und so weiter. Interessiert sich Roger für so etwas?"

„Ja, sehr. Ich spielte das Scherzo, das du für mich geschrieben hast, auf der Orgel — die Kugel, weißt du, und er war ganz begeistert und hatte viele Fragen. Das ist einer der Gründe für unseren Besuch, abgesehen davon, daß wir wollten, daß er dich kennenlernt. Er hat keine Ahnung — zumindest glaube ich, daß er keine hat —, wer du bist, wenn ihm Monsignore auch gesagt hat, er solle sich auf Überraschungen gefaßt machen. Eine hat er schon gehabt mit den beiden Tieren. Ich bin sicher, daß er auch nicht weiß, wer Franz ist."

„Nun, meine Liebe, wir haben uns ja auch ein bißchen verändert, seit wir hier ankamen."

Roger unterhielt sich mit Franz, dem Puma und dem Vogel und hörte unser Gespräch nicht.

Da rief ihm Ruth zu, „Roger, mein Lieber, erinnerst du dich an das

Stück, das ich für dich in der Kirche gespielt habe? Peter hat noch eines für mich geschrieben."

Roger kam zu uns zum Tisch herüber und schaute nun sehr ernst von Peter Iljitsch zu einer Büste hin, die auf einem Nebentisch stand. Sie stellte einen Mann in mittleren Jahren dar, der einen sehr gepflegten Bart trug. Peter amüsierte sich über Rogers offensichtlichen Versuch, die beiden zusammenzubringen.

„Kannst du eine gewisse Verwandtschaft feststellen, Roger?" fragte Peter. „Du hast ganz recht. So sah ich aus, als ich auf der Erde lebte. Ich habe diese Büste nicht aus Eitelkeit hier aufgestellt, sondern einzig und allein, weil sie so ein wunderbares Kunstwerk ist." Es war wirklich eine herrlich gearbeitete Skulptur.

„Sie ist von jemandem gemacht worden, der mich kannte, wie ich früher war, und der es vorzog, diese Züge zu modellieren", fuhr Peter fort. „Findest du, daß ich schöner geworden bin, Roger?"

„Du liebe Güte, Sir", antwortete Roger, „das ist eine unangenehme Frage. Wenn ich ja sage, heißt das, daß es überhaupt möglich war, schöner zu werden. Wenn ich nein sage, dann sind Sie nicht schöner geworden — o Himmel!"

Der Junge war völlig verwirrt, und wir anderen brachen in schallendes Gelächter aus, nicht zuletzt Peter selbst. Er war jetzt natürlich in der Blüte seiner Jahre, ebenso wie Franz ein jugendliches Aussehen erlangt hatte.

Roger entschuldigte sich vielmals für seine scheinbare Neugier, aber er konnte doch nicht widerstehen, Peter zu fragen, was die vielen großen Bände enthielten, die auf den Regalen zu sehen waren. Für diejenigen, die mit Orchesterpartituren nicht vertraut sind, mögen die Bände ungewöhnlich groß erscheinen. Man erklärte ihm, daß sie die Werke unseres Gastgebers enthielten.

Roger war über ihre ungeheure Zahl erstaunt.

„Daran ist nichts Außergewöhnliches, mein lieber Freund", sagte Peter. „Weißt du, es ist schon eine ganze Weile her, seit ich hierher kam, und ich war in der Zwischenzeit nicht gerade faul. Es amüsiert uns sehr, wenn wir vor einer Rundfunkübertragung auf der Erde die Ansage hören, daß ‚dies das letzte Werk von Sowieso' ist. Das letzte Werk! Natürlich weiß man, was gemeint ist, aber für uns klingt das einfach komisch, vor allem wenn man sich jene Regale anschaut. Ich frage mich, ob man wirklich glaubt, daß wir aufhören zu komponieren, wenn wir die Erde verlassen haben?"

Ich beeilte mich, ihm zu versichern, daß das der Fall sei.

„Deshalb stellen sie uns Statuen und Monumente auf, mein lieber Freund", sagte Franz Joseph. „Sie glauben, es ist aus mit uns und wir haben keinen einzigen Ton mehr in uns. Und jetzt wissen sie auch ganz genau, was wir dachten, als wir ein Stück schrieben, sei es klein oder groß. Wenn irgendeiner von uns ihnen den wahren Grund genannt hätte, nämlich um uns vor dem Hungertod zu bewahren, dann hätten sie das nicht gebilligt. Das wäre nicht annähernd ‚mystisch‘ genug. Ach, dies hier ist das wahre Leben. Was meint ihr, meine Freunde?"

Wir brauchten unsere völlige Zustimmung nicht zu beteuern!

„Nun spiel uns dein neues Stück, Peter", fügte Franz hinzu. „Ich würde es gerne auch noch einmal hören."

Peter ging zu einem Flügel hinüber, der in einer Ecke stand — einem schönen Instrument — und begann zu spielen. Ich will nicht den unmöglichen Versuch unternehmen, zu beschreiben, was unser Freund spielte. Eine Beschreibung eines Musikstücks nur in Worten zu geben, ist ein völlig sinnloses Unterfangen, da das dem Leser überhaupt nichts sagt. Man kann höchstens eine Reihe musikalischer und technischer Einzelheiten geben, die letzten Endes herzlich wenig aussagen. Es möge also genügen, daß die Musik, die vorgetragen wurde, in großen Umrissen den Bewegungen der beiden Tiere, des Vogels und des Pumas, folgte, die sie während der amüsanten Vorführung vollführten, die wir sahen, als wir Radiant Wing besuchten. Die Musik stieg und fiel, je nach dem, wobei sie das, was sich zwischen den beiden abspielte, nachahmte oder besser nachempfand, neben vielen unerwarteten Wendungen hierhin und dorthin. Mehr läßt sich in Worten nicht sagen, außer daß das Stück in jeder Hinsicht ein Scherzo war, wie sich aus der Natur seines ‚Programms‘ zurecht hätte schließen lassen.

Nach Beendigung des Spiels gab Ruth ihrem Entzücken Ausdruck wie wir alle, vor allem Franz, der dem Komponisten seine aufrichtigste Anerkennung als Künstlerkollege zollte.

„Was nun die Orchesterfassung betrifft", sagte Ruth, „wann werden wir die hören können?"

„In Kürze, so hoffe ich", sagte Peter. „Sie wird natürlich zusammen mit anderen Werken aufgeführt. Soll ich es euch wissen lassen?"

„Unter allen Umständen, bitte."

Roger hatte während der Musik mit dem Rücken zu den Bücherregalen gestanden. Jetzt drehte er sich um, und wir sahen, daß er die Titel der Bände las. Ruth und ich traten zu ihm, da wir das Gefühl hatten, daß er jeden Augenblick eine interessante Entdeckung machen würde. Die Werke waren nach ihrer Art geordnet, wobei alles, was Peter auf der Erde komponiert hatte, zusammenstand. Roger fuhr mit dem Zeigefinger die Titel entlang und las sie halblaut vor sich hin. Suite in G-Dur, las er, Symphonie Nr. 6, als Peter sagte: „Dieses Werk wird immer als ‚das letzte Werk des Komponisten‘ angekündigt. Das ist sozusagen die Demarkationslinie zwischen dem, was ich auf der Erde schrieb, und dem, was ich seither gemacht habe.“

Man konnte unschwer sehen, daß letzteres das Erstere mit vielen Bänden bei weitem übertraf.

„Doch das ist nichts Besonderes“, fuhr er fort. „Es ist bei uns allen so. Nimm Franz Joseph zum Beispiel. Er hat Bände über Bände mit Musik geschrieben. Die Opuszahlen gehen in die Tausende hier, Roger, und wenn wir nicht ein so wunderbares Gedächtnis hätten, dann wüßten wir nicht, wieviel wir tatsächlich komponiert haben.“

„Ist das Komponieren hier oder auf der Erde leichter?“ fragte Roger. „Hier, ohne den Schatten eines Zweifels. Denk doch nur, wie frei wir hier sind von allem, was uns hindern könnte und uns so oft gehindert hat. Franz erwähnte zum Beispiel den Hungertod. Nenn es in diesem Fall einfach nur Hunger und alles, was das bedeutete. Mit anderen Worten, die Sorge für das leibliche Wohl. Davon sind wir hier völlig frei. Die Apathie der Öffentlichkeit — das ist auch etwas, was es hier Gott sei Dank nicht gibt. Die Schwierigkeit, die eigenen Werke zur Aufführung zu bringen und Anerkennung dafür zu finden. Auch das ist hier kein Problem. Eine angenehme Wohnung — dieses Haus hier ist ein Beispiel dafür. Franz wohnt in einem zauberhaften Haus, wo er den ganzen Tag lang froh und glücklich ist — und der Tag ist hier sehr lang, Roger, wie du wohl schon gemerkt hast. Was gibt es denn noch?“

„Keine Musikkritiker“, sagte Franz mit einem vergnügten Lachen, „obwohl ich zum Glück unter dieser Spezies Mensch nicht sehr zu leiden hatte. Nicht, das möchte ich betonen, weil meine Musik so vollkommen war, sondern weil ich zu einer Zeit lebte, als sich nicht jeder Ignoramus, der sich einbildet, er verstünde etwas von Musik, mit Musikkritik befaßte, wie das, glaube ich, jetzt der Fall ist auf der Erde. Euer Heimatland war sehr freundlich zu mir und ist es immer noch, meine Freunde“, sagte er und wandte sich an uns drei bei den Bücherregalen.

„Zu mir auch“, sagte Peter, „wenn sie auch darauf bestehen, uns als tot zu betrachten. Denk nur, was für eine Sensation wir hervorrufen würden, mein lieber Franz, wenn wir die andern noch holen könnten und einer nach dem anderen oder Arm in Arm auf einer Konzertbühne auf der Erde aufmarschieren könnten. Es würde einen Aufstand geben. Wieviel Geld wir machen könnten oder einer durch uns machen würde!"

„Eher wohl das letztere", rief Franz.

„Dann würden die Kritiker ans Werk gehen. Sie würden unsere Symphonien und die anderen Dinge in kleine Stücke schneiden und sie unter das musikalische Mikroskop legen. Sie würden uns genau zeigen, wo wir etwas falsch gemacht haben und wie wir es hätten machen sollen und was wir gedacht haben, als wir unsere Stücke schrieben. Und niemand würde auch nur ein Wort von dem, was sie schrieben, verstehen, am wenigsten sie selbst. Aber alle wären hochzufrieden und würden sich für sehr überlegen halten. Nein, ich glaube, das wäre doch nicht so lustig. Hier ist es sicherer. Wir sind unter Freunden, wir haben keine Sorgen, und vor allem sind wir frei von jenem Schreckgespenst, daß uns nichts mehr einfällt. Wir können eine Aufführung haben, wann immer wir wollen, ohne mit dem Hut in der Hand zu irgend einem unangenehmen Kerl gehen zu müssen, der uns nur ausnützen will. Und außerdem ist es schön, daß wir als Komponisten und Musiker unter uns sind und uns mit der größten Freundlichkeit liebevolle Grobheiten an den Kopf werfen können und genau wissen, daß keine böse Absicht dahinter steckt. Es ist schade, daß es gegenwärtig keine nennenswerten Komponisten auf der Erde gibt."

„Gibt es denn überhaupt keine?" fragte Franz.

„Es scheint schon viele Jahre her zu sein, daß einer zu uns herüber kam", antwortete Peter. „Was meinen Sie, Monsignore?"

„Nun...", begann ich, aber Ruth fiel ein.

„Du weißt, Peter", sagte sie, „daß Monsignore, wenn man ihm auch nur die geringste Chance gibt, loslegt. Seit er euch allen begegnet ist und praktische Unterweisungen von euch erhielt, sind manche dieser praktischen Hinweise zu sehr deutlichen Aussagen über die derzeitigen Komponisten auf der Erde geworden."

„Nun, es ist so", erklärte ich mitten in dem Gelächter, das Ruth hervorrief, „wenn ich ein wahres Bild von dieser Welt geben soll, dann muß ich die Wahrheit sagen. Sie ist ebenso offensichtlich wie elementar, aber so ist es nun mal. Es ist eine Tatsache, daß es im Augenblick keine wahren Meister unter den Komponisten auf der Erde gibt. Ich sage das wohlüberlegt und ohne Einschränkung. Die im Augenblick lebenden Komponisten verdienen diesen Namen nicht. Du hast ganz richtig beobachtet, Peter, daß es schon viele Jahre her ist, daß ein wirklicher Komponist zu uns gekommen ist. Es sind ohne Frage Komponisten herübergekommen, aber sie waren gezwungen, ihre musikalischen Monstrositäten zurückzulassen. Und es werden noch andere kommen – und denen wird das auch passieren.

Du weißt, daß sie auf Erden sagen, daß alle geistige Offenbarung aufgehört habe. Es wäre die Wahrheit, wenn sie sagten, daß das Komponieren reiner Musik aufgehört habe."

„Wir haben davon gehört", sagte Peter, „aber ist es wirklich so schlimm? Die Musik, meine ich."

„Ja, ganz sicher. Ich habe nicht übertrieben. Ruth ist meine Zeugin, sie hat manches gehört. Und Roger hat erst vor kurzem die Erde verlassen. Hast du je Musik gehört, Roger, die die Menschen auf der Erde als ‚moderne Musik' bezeichnen?"

„Ja – aber nicht lange. Ich konnte sie einfach nicht ertragen."

„Wir haben von Zeit zu Zeit davon gehört", sagte Peter, „aber wir hätten nie gedacht, daß es so schrecklich sein könnte, wie ihr sagt. Was sagen denn unsere lieben Kritiker dazu?"

„Wunderschöne Dinge. Sie preisen diese Musik als das Werk großer Genies und führen das Publikum hinters Licht, so daß es glaubt, daß das Stück, das sie besprechen, voll schöner Melodien ist, wenn es mehr als einen Suchscheinwerfer brauchte – wenn du weißt, was das ist, mein lieber Freund – und ein Mikroskop, um auch nur die leiseste Andeutung von einer Melodie zu finden. Es ist einfach unmöglich, etwas Nichtvorhandenes zu entdecken. Mit der bildenden Kunst ist es dasselbe. Du kannst dir unmöglich vorstellen, welche widerwärtigen Schmierereien zu den phantastischsten Preisen gekauft werden, um sie öffentlich auszustellen. Sie als Alpträume zu bezeichnen, ist noch milde."

„Aber warum, meinst du, werden sie akzeptiert?"

„Vielleicht aus zwei Gründen: Entweder ist es eine Art Schwachsinn oder ein Riesenbetrug. Aber es werden ja scheußliche Bilder ebenso wie scheußliche Musik akzeptiert. So ist das nun mal im Augenblick auf der Erde – der Kult des Abscheulichen, des Monströsen, des überdimensional Häßlichen. Das Gift ist in alle schönen Künste eingedrungen."

„Du meine Güte", sagte Franz, „bin ich froh, daß wir da weg sind, und keineswegs zu früh nach dem, was Sie sagen, Monsignore!"

Wir schmunzelten über Franz' Bemerkungen, da er schon viele Jahre in der geistigen Welt ist und hierher kam, lang ehe die gegenwärtige Dekadenz begann, die Kunst zu befallen. Auch Peter Iljitsch ist schon eine beträchtliche Zeit hier.

Peter stellte sich neben Roger, der erneut die Titel der Partituren las.

„Darf ich eine herunternehmen?"

„Aber natürlich, mein Lieber. Tu, was immer du magst", antwortete Peter. „Nur keine Formalitäten, weißt du."

„Ja, ich weiß, Monsignore und Ruth sagen mir das auch immer, aber ich hab' mich noch nicht ganz daran gewöhnt."

„Das kommt mit der Übung, Roger", lächelte Peter, „fang nur gleich damit an."

„Es ist irgendwie wunderbar. Alles, meine ich. Wissen Sie, sie haben mich herumgeführt, und alle sind so ungeheuer anständig. Nett, meine ich. Man bekommt das Gefühl, daß man der wichtigste Mensch ist, wenn man etwas gezeigt bekommt. Und Ruth und Monsignore scheinen unheimlich viel Zeit für mich verschwendet zu haben."

„Nicht verschwendet, Roger, nicht verschwendet", sagte Peter. „Das auf keinen Fall. Niemand verschwendet jemals Zeit hier, weil es keine Zeit gibt, die man zu verschwenden hat! Das klingt doppeldeutig, nicht wahr? Das könnte alles mögliche bedeuten."

„Da ist etwas, das du kennen mußt, Roger," sagte ich und nahm eine der Partituren aus dem Regal. „Kannst du überhaupt Noten lesen?"

„Nicht sehr gut, leider."

„Na, dann hör mal, ob du diese Melodie erkennst."

Ich summte eine Melodie, die auf der ganzen Welt bekannt ist, sehr zum Vergnügen Peters.

„Du lieber Himmel", rief Roger, „das ist ja…"

„Aus dem Buch, das Monsignore in der Hand hat", sagte Peter.

Ich gab Roger den Band, der von den Noten zu Peter hin schaute, dann die erste Seite aufschlug, wo er den Titel und den Namen des Komponisten las und daraufhin ganz atemlos schien.

Franz beobachtete von der Couch aus, was sich abspielte. „Na, Roger", sagte er, „hast du endlich das schreckliche Geheimnis gelüftet. Meinst du, daß er deinen Erwartungen entspricht? Oder hast du einen viel schöneren Menschen — wie mich zum Beispiel — erwartet?"

„Die Frage ist, kann man gleichzeitig schön und klug sein?" sagte Peter.

„Ja, zweifellos", erwiderte Franz. „Ich brauche euch nicht zu sagen, wo ihr so jemanden findet. Benützt nur euren gesunden Menschenverstand. Ich werde auch nicht rot werden."

„Nun, Roger. Wir haben dir ja gesagt, daß es einige Überraschungen für dich geben würde, und wir haben Wort gehalten. Jetzt müssen wir, glaube ich, gehen. Mich hat eine Nachricht erreicht, daß jemand auf dem Weg zu mir ist. Wir werden also nach Hause aufbrechen. "

Wir dankten Peter herzlich für seine ‚Gastfreundschaft‘, und Ruth erinnerte ihn nochmals an das neue Scherzo. Er versprach, es uns wissen zu
lassen, wenn es in der Orchesterfassung aufgeführt würde, und sagte, er
würde uns dann abholen, so daß wir alle zusammen hingehen könnten,
um die Premiere zu hören und zu sehen.

Als wir durch den Wald gingen, gab Roger seiner Freude und seinem
Erstaunen Ausdruck, daß es so einfach war, mit einem Mann zu reden
und zu scherzen, dessen Name im Reich der Musik in beiden Welten so
bekannt war.

„Franz Joseph ist ebenso bekannt, Roger“, sagte Ruth. „Er ist ein er-
staunlicher Mann. Er schrieb mehr als hundert Symphonien, als er noch
auf der Erde war. “

14

Zwei Besucher

„Mir ist aufgefallen", bemerkte Roger, „daß hier offenbar niemand Nachnamen verwendet. Ihren oder Ruths weiß ich nicht einmal."

Wir waren unmittelbar nach unserem Besuch im Waldhaus nach Hause zurückgekehrt, und unsere Gespräche mit unseren beiden Freunden hatten bei unserem Schützling offensichtlich einen bestimmten Gedankengang ausgelöst.

„Nein, Roger", antwortete ich, „das ist wirklich so, aber unsere Nachnamen haben in dieser Welt auch keine Bedeutung. Tatsächlich mag es für den Neuankömmling so scheinen, als gingen wir mit der Verwendung von Namen im allgemeinen irgendwie willkürlich um, ohne feste Regeln oder Bräuche. Hier bei uns geht es immer um die persönliche Identität, nicht um die Familienzugehörigkeit.

Eine feste Namensordnung gibt es allerdings hier, und das sind die Namen, die rein geistigen Ursprungs sind, Namen, die in Einklang mit bestimmten Regeln gebildet oder geschaffen werden. Jeder davon hat eine ganz bestimmte Bedeutung und gehört keiner der irdischen Sprachen an. Namen dieser Art werden verliehen, nachdem man sie sich verdient hat, und man kann sie nur von Wesen der höchsten Reiche erhalten. Was die Identität angeht, kannst du Ruth als Beispiel nehmen. Jeder hier und an vielen anderen Orten kennt sie als Ruth, und das ist ein erkennbarer, irdischer Name wie viele andere auch.

Meiner ist eher eine Bezeichnung als ein Name, und auf Erden ist er ein kirchlicher Titel. Du wirst dich daran erinnern, daß ich erwähnte, daß es hier keine Titel gibt. Das ist jedoch kein Bruch dieser Regel, da der Titel Monsignore, den ich auf Erden hatte, immer alleine verwendet wird und nie zusammen mit meinem Namen. Unsere Freunde auf der Erde begannen damit, wenn sie auch manchmal meinen Vornamen verwenden. So ist das Wort Monsignore als Titel zwar unpersönlich, auf mich wird es jedoch aus praktischen Gründen als Name angewandt."

„Mir ist auch aufgefallen, daß ihr beide euch nicht um meinen Nachnamen gekümmert habt", sagte Roger.

„Genau, das ist auch nicht nötig. Du bist hier bereits als Roger bekannt, wie du selbst feststellen konntest."

„Dasselbe gilt für Franz Joseph und Peter Iljitsch, nicht wahr?"

„Ganz genau. Wir haben einfach ihre Nachnamen gestrichen, und es geht ihnen deshalb um keinen Deut schlechter. Das Wichtigste ist jedoch, daß sich niemand über diesen Brauch oder diese Regel, wenn du sie so nennen magst, beklagt. Jeder ist glücklich damit.

Als wir über Alter und Identität sprachen, Roger, erinnerst du dich daran, welche Verwandlung das Äußere manchmal erfährt, wenn der Mensch zur Mitte des Lebens zurückkehrt, so daß man ihn gar nicht mehr als den erkennt, der er einst war? Namen haben eine ganz ähnliche Wirkung, wie du siehst.

Wenn sich höhere Persönlichkeiten zur Erde begeben, um dort mit Freunden zu sprechen, dann sind sie dort für gewöhnlich unter einem Namen bekannt, der besonders für sie ausgewählt oder erfunden wurde. Wir haben gerade ein gutes Beispiel dafür. Du hast mich doch zu Peter und Franz sagen hören, daß mich die Nachricht erreicht habe, daß mich jemand besuchen wolle?"

„Ja, ich dachte, das war vielleicht eine Ausrede, um dort wegzukommen."

„Aber Roger!" protestierte Ruth. „Was würden die Menschen auf der Erde sagen, wenn sie denkten müßten, daß es im ‚Himmel' gang und gäbe ist, eine Notlüge zu gebrauchen, um einen Besuch zu beenden?"

„Weißt du, mein Lieber, wir brauchen gar keine Notlügen — was uns eine Menge Kopfzerbrechen und Theater erspart."

„Was würdet ihr denn dann tun, wenn ihr irgendwo weg wolltet, weil es euch einfach reicht?"

„Meines Wissens hat es eine solche Situation noch nie gegeben. Was meinst du, Ruth? Kannst du dich an solch einen Fall erinnern?"

„Nein", antwortete Ruth, „eigentlich nicht. Offenbar haben wir solche unangenehmen Situationen nicht."

„Weil sie nämlich nicht existieren, ja gar nicht existieren könnten. Es gibt keine Langeweile, und man kann gar nicht länger bleiben, als man erwünscht ist. All das entsteht nur, Roger, weil du uns verdächtigt hast, daß wir faustdicke Lügen erzählt haben, nur um mit Anstand von Peter und Franz fortzukommen. Es ist jedoch so, daß mir, während wir dort waren, eine Nachricht sozusagen zugefunkt wurde. Das ist alles. Es war nicht dringend, sonst würden wir hier nicht so gemütlich plaudern. Die Nachricht kam von jemandem, der immer wieder die Erde besucht, um zu vielen Freunden dort zu sprechen, und da wir zu unserem Vergnügen unterwegs waren und nicht dienstlich, antwortete ich sofort, daß wir zur Verfügung stünden. Wäre die Nachricht gekommen, während Ruth und ich auf ‚Geleitdienst‘ waren, so wie wir ihn für dich versahen, hätte ich die Nachricht zurückgesandt, womit wir gerade beschäftigt seien, und dann hätte man unter keinen Umständen von uns verlangt, daß wir irgend jemand anderem zur Verfügung stünden, wie illuster er auch sein mag. Ganz im Gegenteil, wir kämen vielleicht eher in Schwierigkeiten, weil wir unsere augenblickliche Arbeit verließen. In diesem Land funktioniert alles nach den Gesetzen der Vernunft und des gesunden Menschenverstandes, Roger.“

„Schade, daß das auf der Erde nicht auch so ist“, bemerkte Roger trokken.

„Das kann man wohl sagen. Der Besucher, von dem ich spreche, ist eine hochstehende Persönlichkeit aus den höheren Reichen, aber seine Identität verbirgt sich hinter dem einfachen, doch wirkungsvollen Namen *Blue Star*, und dieser Name leitet sich vernünftigerweise direkt von der Tatsache ab, daß ein Teil seiner persönlichen Insignien, wenn ich das so nennen darf, in einem prachtvollen Juwel besteht, das in der Form eines Sterns aus leuchtend blauen Edelsteinen gearbeitet ist, die wertvoller sind, mein lieber Roger, als alles, was man auf der Erde finden oder herstellen könnte. Wir werden ihn bitten, ihn dir zu zeigen, wenn er kommt.“

„Trägt er ihn denn nicht immer?“

„Nicht immer in diesen Regionen, das heißt, nicht immer sichtbar.“

Da ich an einem der Fenster saß, konnte ich unseren Besucher gleich sehen, wenn er im Garten erschien. Roger vermutete, warum ich mich so gesetzt hatte, denn er fragte: „Ist es üblich, daß Besucher den Umweg nehmen? Ich meine, daß sie durch den Garten kommen statt sich ins Zimmer zu ‚denken‘?“

„Ja, Roger, so haben wir es doch auch gemacht bei den wenigen Besuchen, die wir abgestattet haben. Weißt du, es gibt diesbezüglich kein Gesetz, nur was gesunder Menschenverstand und guter Geschmack einem eingeben. Wenn unsere Anwesenheit irgendwo ganz dringend erforderlich wäre, dann würden wir uns der Gedankenmethode bedienen, um uns an den gewünschten Ort zu bringen und so unverzüglich in jemandes Gegenwart erscheinen. Aber in allen gewöhnlichen Umständen benehmen wir uns auch wie gewöhnliche Menschen und kommen auf unseren zwei Beinen, und wenn nötig, würden wir auch an die Tür klopfen — wenn ich mich auch nicht erinnern kann, daß ich das je getan hätte.

Du wirst feststellen, Roger, daß du, je weiter du fortschreitest, instinktiv das Richtige tun wirst. Also mach dir keine Sorgen darüber. Wenn wir unsere Freunde auf der Erde besuchen, ist das etwas ganz anderes. Wir begaben uns sehr schnell in dein Zimmer, um dich abzuholen, und es gab keine Formalitäten wie Klopfen, um eingelassen zu werden. Wenn wir tatsächlich geklopft hätten und uns deine Leute zufällig tatsächlich gehört hätten, wären sie wahrscheinlich entsetzt gewesen."

„Ja, wahrscheinlich. Sie hätten wohl gedacht, mein Ende sei schrecklich und jemand schlimmerer als der alte Sensenmann sei gekommen, um mich abzuholen."

„Ah, da kommt ja unser Besucher, und er ist nicht allein", sagte ich, als ich zwei Leute durch den Garten kommen sah.

„Wer ist denn dabei?" fragte Ruth, als sie zum Fenster herüberkam. Einen Augenblick später waren sie nah genug, um sie zu erkennen.

„Ach, das ist ja Phyllis", rief Ruth und eilte in den Garten.

„Ruth und Phyllis sind alte Freundinnen", erklärte ich Roger, und ging dann, um sie zu begrüßen.

„Also, meine Kinder", sagte Blue Star, „wir waren auf dem Weg zur Arbeit mit unseren Freunden auf der Erde, und diese junge Dame schlug vor, daß wir einen Umweg machen und einen Besuch abstatten sollten. Ihr wart wohl nicht zu Hause, als ihr meine Nachricht bekamt."

„Nein, Blue Star. Wir hatten unseren Freund zu Franz und Peter mitgenommen."

„Ah, das ist gut."

„Hättest du einen Augenblick Zeit für Roger? Ich habe ihm von dir erzählt."

„Ich hoffe, du hast nicht alle meine schrecklichen Geheimnisse preisgegeben", sagte Blue Star lachend.

„Komm herein, um Roger kennenzulernen", sagte Ruth zu Phyllis. „Er ist so ein reizender Junge. Er war unser letzter ,Fall', und jetzt verbringen wir Ferien zusammen und zeigen ihm alles."

Es bestand ein deutlicher Kontrast zwischen den beiden jungen Frauen, denn Phyllis hatte dunkles Haar, während Ruths Haar hellblond ist. Roger erhob sich, als wir ins Zimmer traten, und ich stellte ihn Blue Star und Phyllis vor.

„Nun, mein Sohn", sagte Blue Star, „du siehst gesund und munter aus, und das ist auch kein Wunder, nicht wahr?"

„Nein, Sir", antwortete der Junge lächelnd.

„Nenn mich Blue Star. Jeder hier nennt mich so, und warum auch nicht? Schließlich ist das mein Name — einer zumindest. Manche von uns haben mehrere Namen. Auf der Erde wird man wohl leicht mit Mißtrauen betrachtet, wenn man zu viele Namen hat, aber hier ist das anders. Der Name, den ich auf Erden trug, verursachte die größten Schwierigkeiten, glaube ich. Aber das ist nicht meine Schuld, sondern die Schuld derer, die ihn etwas zu frei gebrauchten."

Blue Star lächelte. Seine Stimme hatte ein weiches Timbre, und er sprach bedächtig, ja, wie mir schien, wohlüberlegt. Wenn er auch jung an Jahren aussah, so verriet seine Stimme doch einen Mann, der schon vor Jahrhunderten in die geistige Welt gekommen war. Das ist ein Charakteristikum, das sich dem geschulten Ohr mitteilt, wenn alle äußerlichen Zeichen der Verwüstungen, die die Erdenzeit anrichtet, längst verschwunden sind. Schon sehr früh habe ich hier gelernt, daß es gefährlich ist, das Alter der Leute schätzen zu wollen!

„Ob ich dich wohl bitten dürfte, Blue Star", sagte ich, „unserem jungen Freund hier einen Gefallen zu tun?"

„Aber sicher, Monsignore. Wenn ich ihn erfüllen kann, jederzeit."

„Wir haben Roger etwas über die Namen hier erzählt, und ich habe ihm den Ursprung des deinen erklärt."

„Und jetzt möchtest du eine praktische Demonstration und den Ursprung sehen — ja?"

Blue Star schlug seinen prächtigen Mantel zurück, und auf seinem Gewand wurde der herrliche Stern, den wir Roger beschrieben hatten, sichtbar.

„Komm näher, mein Sohn, und schau ihn dir genau an. Er ist ganz wunderschön, nicht? Ich glaube nicht, daß du auf Erden je etwas Ähnliches gesehen hast, was?"

„Nein, nie, Blue Star."

„Weißt du, mein Sohn, die wunderbare Eigenschaft der Edelsteine in der geistigen Welt besteht darin, daß sie kein reflektiertes Licht brauchen. Ihr Lüster, ihr Glanz kommt aus ihrem Innern. Wenn du diesen Stern oder irgendeinen andern Edelstein irgendwie ins Dunkle bringen könntest, dann würde er wie die Sonne in wunderbarer Farbe leuchten. Monsignore hat das, glaube ich, als ‚lebendiges Licht' bezeichnet. Genau das ist es. Die Edelsteine auf Erden, so schön sie auch sein mögen, brauchen reflektiertes Licht, um ihre Schönheit zu entfalten und zur Wirkung zu bringen. Bringe auf der Erde einen kostbaren Brillianten ins Dunkle, und aller Glanz ist dahin. Es gibt neben diesem noch viele, viele wunderbare Edelsteine in der geistigen Welt, mein Sohn, und alle sind sie aus demselben ‚lebendigen Licht‘ gemacht. Du wirst ja wohl bereits wissen, daß man sie jedoch in der geistigen Welt nicht kaufen kann.“

„Ja, Blue Star, das ist mir klar. Monsignore und Ruth haben mir schon sehr viel erzählt.“

„Hier gibt es kein Kaufen und Verkaufen, nur ein Erwerben durch Verdienst. Und ist das nicht die wahre Gerechtigkeit? Sie stellt uns alle auf dieselbe Stufe, und jeder von uns hat ganz genau dieselbe Chance, sich viele wunderbare Dinge zu verdienen — wie diesen blauen Stern zum Beispiel. Hat Monsignore dir schon viel von diesen Edelsteinen erzählt?“

„Nein, Blue Star, gar nichts“, warf ich ein. „Erst als ich deine Nachricht erhielt, kam das Thema auf.“

„Ich frage nur, weil man dir ja nichts erzählen will, was du schon weißt. Nun, mein Sohn, du wirst dich wohl fragen, was sie darstellen. Nur ihren eigenen Wert und ihre eigene Schönheit, das ist die reine Wahrheit. Sie sind, was wir Beigaben unseres Lebens nennen würden, und stellen persönliche Belohnungen dar für verschiedene Dienste, die wir geleistet haben.“

„Ein bißchen wie die Orden, die wir auf der Erde haben.“

„Aber nur ein ganz kleines bißchen, mein Sohn! Weißt du, dies sind nicht die Insignien oder Juwelen exklusiver Orden, wie es sie meines Wissens auf der Erde gibt. Hier stehen sie allen ohne Unterschied offen, die sie sich verdienen wollen, und sie sind nicht nur für gewisse Privilegierte, wie das in manchen Fällen auf der Erde üblich ist. Wir fügen unserem Namen nicht hinzu ‚Träger des …Ordens‘, nur weil wir eine solche Auszeichnung besitzen. Und das ist meiner Meinung nach gut so, denn manche unserer Namen würden mit diesem Zusatz sehr seltsam klingen. Und außerdem haben wir nicht das Bedürfnis, kundzutun, daß wir Träger einer solchen Auszeichnung sind.

Ich sehe, mein Sohn, daß du schöne Dinge gern hast, da dir schon dieses eine Beispiel für die Schönheit der geistigen Welt solch unendliche Freude bereitet. Du hast wohl nicht zufällig die Edelsteine gesehen, die Franz Joseph und Peter besitzen? Nein, natürlich nicht. Sie hätten sie dir wohl kaum unaufgefordert gezeigt. Sie und ihre Musikerkollegen besitzen viele erlesene Exemplare, die sie alle für die Dienste bekamen, die sie uns hier mit ihrer großartigen Musik erwiesen haben. — Na, ich rede offenbar eine ganze Menge. Ob das wohl eine gute oder schlechte Angewohnheit ist? Was sagt du, Monsignore?“ „Nun, Blue Star, das kann schon eine schlechte sein. Zwar nicht hier, aber auf der Erde – vor allem, wenn man die falschen Dinge sagt, wie ich das von manch einer Kanzel aus tat!"

Blue Star lachte. „Ich kann sagen, daß ich jetzt eine ganze Menge rede, auf der Erde", sagte er. „Eines kann man uns hier nicht vorwerfen, nämlich daß wir im Alter zu redselig werden. Ich nehme an, Roger, daß du anfangs überhaupt nichts sagen konntest, als dir unsere Freunde die Wunder dieses Landes zeigten."

„Ja, Blue Star. Ich war meistens sprachlos, oder vielmehr hielt ich meinen Mund und machte Augen und Ohren weit auf."

„Das ist gelegentlich ein bewundernswertes Verhalten, mein Sohn. Als wir noch auf der Erde lebten, haben manche von uns gesprochen, wo sie besser geschwiegen hätten, und manche haben geschwiegen, wo sie besser geredet hätten."

„Ich bin schuldig in beiden Punkten der Anklage, Blue Star!"

„Tatsächlich, Monsignore?" sagte Blue Star lächelnd. „Ich dachte eigentlich nicht an dich, sondern an mich! Roger, du wirst nie erraten, wo Phyllis und ich hingehen, wenn wir euch hier verlassen, was in ein paar Augenblicken sein wird, denn die Zeit vergeht. Ah, das überrascht dich, nicht wahr? Wie kann die Zeit vergehen? Hier nicht, aber auf der Erde, wohin wir wollen. Monsignore begleitet uns oft, doch nicht heute. Wir sind auf dem Weg zu Freunden auf der Erde, wo Phyllis und ich und andere unserem schrecklichen Hang zum Reden nachgeben werden, und wo wir versuchen, unsere Freunde auf der Erde aufzumuntern. Der Himmel weiß, daß sie eine Aufmunterung brauchen – die ganze Erde braucht sie. Und die Menschen dort könnten sie ja bekommen, wenn sie sich nur alle uns zuwenden würden. Die Erde ist ein alter, trüber Ort, nicht wahr, Roger, nach dem Glanz und den Farben hier?"

„Eines Tages", sagte Phyllis, „nehmen wir dich zu unseren Freunden auf der Erde mit. Glaubst du, das würde dir Freude machen, Roger?" fragte Phyllis mit einem gewinnenden Lächeln.

„Ich fürchte, ich weiß nicht sehr viel über diese Dinge", antwortete Roger mit offensichtlicher Zurückhaltung.

„Nein, natürlich nicht. Man kann nicht alles in fünf Minuten herausfinden, nicht wahr? Du müßtest auch nicht alleine gehen, weißt du. Es gibt viele andere, und für gewöhnlich gehen wir in einer ganzen Gesellschaft."

„Ich glaube fast, Phyllis hat eine besondere Vorliebe für Gesellschaften", sagte Blue Star mit einem Lachen.

„Franz und Peter und andere Musiker gehen oft mit uns. Auch Radiant Wing und viele, viele andere."

„Ganz zu schweigen vom alten Blue Star selbst", sagte unser hoher Besuch.

„Blue Star, sag doch nicht alt!" sagte Phyllis entrüstet.

„Danke, mein liebes Kind, aber im Vergleich zu den übrigen erlauchten Anwesenden bin ich nicht gerade ein Jüngling."

„Ich nehme an, Sie fühlen sich wie einer", sagte Roger.

„O ja, das ist etwas anderes. Nun, mein Kind, müssen wir wirklich gehen. Es wahr sehr angenehm, mit euch allen einen kleinen Schwatz zu halten, wenn wir auch nach irdischen Vorstellungen zweifellos tiefschürfende Fragen hätten diskutieren sollen, Fragen, die hier überhaupt keiner diskutieren will – und hätten versuchen sollen, Dinge zu erklären, für die es keine Erklärung gibt. Das wäre zwar sehr erbaulich, aber äußerst langweilig gewesen. Mir ist unsere Art Smalltalk wesentlich lieber. Das ist viel unterhaltsamer und bei weitem besser für uns."

Und mit einem Winken verließen uns unsere beiden Besucher und begaben sich zur Erde.

15

Der Herrscher der Reiche

„Was so erstaunlich ist", bemerkte Roger, „ist die Tatsache, daß es offenbar nirgends einen Hinweis auf eine Regierung gibt."

„Ist das eine Beschwerde, Roger, oder ein Kompliment?"

„Ganz gewiß keine Beschwerde."

„Nun, dann nehmen wir es als Kompliment. Nein, so sehr du auch suchen magst, du wirst doch keinen Hinweis auf eine Regierung welcher Art auch immer finden. Dennoch gibt es eine. Du dachtest wohl an so etwas wie Parlamente, Gesetze, Statuten, Erlasse und sonstige Verordnungen und an viele andere schreckliche Dinge, die zu einem geordneten Leben auf der Erde gehören.

Jetzt werde ich dir eine Frage stellen, Roger. Hast du irgendwo ein Schild oder einen Anschlag gesehen, daß du dies oder jenes nicht tun darfst, oder eine Information über Bürostunden oder das altvertraute ‚Durchgang verboten' oder gar ‚Rasen betreten verboten'?"

„Nein, kein einziges — nirgends."

„Und du wirst so etwas hier auch nicht finden, denn das gibt es hier einfach nicht. Toll, nicht?"

„Phantastisch."

„Woraus du entnehmen kannst", sagte Ruth, „daß wir uns alle äußerst wohlgesittet benehmen."

„Die Wahrheit, mein Junge, ist, daß wir von Naturgesetzen ‚regiert' werden, und das ist die beste Regierung im ganzen Universum. Viel, viel besser als alles, was sich das menschliche Genie einfallen lassen könnte. Naturgesetze bedürfen keiner Durchführung, sie führen sich selbst durch.

Auf der Erde lassen sich die Naturgesetze nicht so leicht erkennen. Nur wenige erkennen zum Beispiel das Naturgesetz, das bei der Aussendung von Gedanken wirkt. Wir hier können das, und wir sehen auch ihre Wirkungen. Es ist klar, daß manche jener Naturgesetze auf der Erde nicht gelten. Wenn du versucht hättest, deinen Körper durch Gedankenkraft zu bewegen, wie du das jetzt tun kannst, dann wärest du geblieben, wo du warst. Die Naturgesetze sind jedoch nicht das einzige Instrument, mit dem hier sozusagen regiert wird. Wir haben auch Herrscher."

„Ja, an so etwas habe ich eher gedacht bei meiner Frage nach Regierungen."

„Jedes Reich hat seinen Herrscher. Das ist zwar nicht ganz der richtige Ausdruck, aber wir verwenden ihn trotzdem."

„Herrscht er denn nicht?"

„Nein, eben nicht. Er steht dem Reich vor, und das ist etwas ganz anderes. Ich spreche jetzt von den Reichen des Lichts. Du kannst selbst sehen, wieviel angenehmer und leichter das Leben dadurch ist. Eine Regierung kann nicht stürzen, nur um einer anderen, ebenso schlechten oder dummen oder untauglichen Platz zu machen. Es gibt keine politischen Fanatiker mit verrückten oder geistlosen Ideen, und, was das Wichtigste ist, es hat nicht jemand ein Amt inne, der völlig ungeeignet dafür ist. Wenn die Menschen auf der Erde eines ihrer größten Probleme lösen wollten, dann könnte ihnen die geistige Welt den einen oder anderen Hinweis darauf geben, wie sie es anstellen könnten."

„Monsignore kommt jetzt zu einem Thema, wo er sich seine Kanzeln zurückwünscht", sagte Ruth.

„Ja, meine Liebe, aber angenommen, das wäre möglich, nur für einen Augenblick angenommen, das könnte bewerkstelligt werden, wie viele würden auf das achten, was ich sage? Sie würden sich keinen Deut um das scheren, was die Weisesten der ganzen geistigen Welt sagen würden. Dann hat es für mich auch keinen Zweck.

Wie du weißt, Roger, sind manche von uns in recht enger Verbindung mit den Ereignissen und Angelegenheiten auf der alten Erde, und manche von uns sehen, wohin die Entwicklung geht. Kannst du dir da nicht vorstellen, wie die hohen Wesen in den höchsten Reichen die Situation betrachten müssen, wenn höchste Weisheit umsonst zu haben wäre, wenn der Mensch auf der Erde nur nicht so blind wäre? Schau, wie die Kirchen ihre Zeit und Energie für die trivialsten Dinge verschwenden. Es ist alles so jämmerlich und schrecklich.

Du hast einen kleinen Teil dieser Welt kennengelernt, Roger, und ein oder zwei Menschen hier. Du bist jung und kommst gerade eben von der Erde. Du siehst doch sicherlich, daß die geistige Welt in so vielen Dingen recht und die Erde unrecht hat. Ist denn nicht alles ganz einfach, so wie es sich dir jetzt darstellt?"

„Ja, Sie haben ganz recht, Monsignore. Es sieht ganz einfach aus – von dieser Seite des Lebens aus."

„Hat sich denn so vieles verändert, seit ich auf der Erde war? Was meinst du?"

„Das kann ich aus eigener Erfahrung wohl nicht sagen, Monsignore", antwortete Roger mit einem Lächeln, „weil Sie vor meiner Zeit dort waren. Aber nach dem, was ich die Leute habe sagen hören, ist vieles auf der Erde schlechter geworden."

„Es kann nicht viel besser geworden sein, wenn ihre beste Leistung zwei Weltkriege sind und sie jetzt von einem dritten sprechen. Und wie steht es mit den Kirchen?"

„O, sie sind noch immer untereinander uneins."

„Genau. All das kam jetzt nur auf, weil du die Regierung hier erwähnt hast. Ich war dabei, dir etwas von den Herrschern zu erzählen, die den Reichen vorstehen. Viele leben schon seit Tausenden von Jahren hier. Es bedarf der höchsten Eigenschaften, solch ein Herrscher zu werden: Wissen um die Menschheit und Mitgefühl zum Beispiel, Verständnis und Besonnenheit, Geduld, Güte und Spiritualität. Das sind nur einige wenige Erfordernisse. Das Wissen eines Herrschers ist ungeheuer groß. So würde es sich zumindest irdischen Augen darstellen, aber du weißt ja, Roger, wie das Gedächtnis hier funktioniert. Man kann mit Sicherheit sagen, daß der Herrscher eines Reiches ein umfangreiches Wissen über die Menschen hat, die in seiner Obhut sind, und das unterscheidet ihn so wesentlich von allen anderen. Außerdem gehören die Herrscher einem Reich an, das höher ist als das, dem sie vorstehen.

Doch über ihnen allen ist einer, der der Größte ist, und er ist der Herrscher über alle Reiche der geistigen Welt."

Wir saßen während dieser Unterhaltung in einem der hinteren Zimmer, als wir eine vertraute Stimme rufen hörten: „Dürfen wir hereinkommen?"

„Das ist Omars Stimme", rief Ruth, und wir sprangen auf und liefen zur Tür.

Es war tatsächlich Omar mit seinem ständigen Begleiter, dem Ägypter.

„Das ist aber eine Überraschung, Omar! Kommst du dienstlich zu uns oder zum Vergnügen oder beides?"

„O, zum Vergnügen", antwortete Omar. „Der Dienst macht einen nur alt, daher vermeide ich ihn, soweit das geht. Auf diese Weise bleibe ich jung. Wie geht es Roger?"

Da Roger sehr wohl in der Lage war, für sich selbst zu sprechen, antwortete er: „Ausgezeichnet."

„Das sieht man auch, mein Sohn. Das ist wunderbar. Die Arznei hat gewirkt, und der Patient ist nun wieder ganz hergestellt. Nun aber zum eigentlichen Zweck meines Besuchs. Ich habe eine Nachricht für euch: Da mein ‚Meister‘ in Bälde in dieses Reich kommt, würde er euch gerne kurz besuchen. Das ist mein Auftrag, einfach und kurz. Eure Antwort kann ich wohl erraten.“

„Da gibt es nichts zu raten, Omar. Es handelt sich wohl um einen privaten Besuch – hier in unserem Reich, meine ich?“

„O ja, so privat, wie man ihn eben halten kann, und das ist nicht einfach, wie du weißt.“

„Das ist eine wunderbare Nachricht, Omar. Ich brauche dir nicht zu sagen, wie dankbar wir sind, und ganz besonders freue ich mich für unseren jungen Freund hier.“

Wir tauschten noch ein paar freundliche Worte, und dann verabschiedeten sich Omar und sein Begleiter.

„Roger“, sagte ich, „das ist etwas, das ich so früh nie erwartet hätte, wenn man es auch nie genau weiß.“

„Wer ist denn die Persönlichkeit, die da kommt?“ fragte er.

„Erinnerst du dich daran, daß du uns einmal fragtest, wie alt die geistige Welt sei, und daß wir dir von mindestens einem Wesen erzählten, das bereits vor der Erde da war? Natürlich erinnerst du dich. Nun, er ist es, der kommt, und er ist übrigens der Herrscher über alle Reiche der geistigen Welt, von dem ich gerade eben sprach. Weißt du, Roger, es gibt Menschen auf der Erde, die glauben, daß die Wesen der höchsten Reiche niemals jene Reiche verlassen, weil es viel zu abstoßend und unangenehm wäre, wenn sie die erhabenen Gefilde, in denen sie leben, verließen. Das ist ganz falsch. Jene wunderbaren Wesen können sich in die verschiedenen Reiche begeben, und sie tun es auch. Es kommt manchmal vor, daß jemand mit einer solchen Persönlichkeit spricht und sich dessen gar nicht bewußt ist.“

„Wer ist denn dieses Wesen“, fragte Roger noch einmal. „Doch sicherlich nicht…?“

„Ich weiß, was du sagen wolltest, mein Junge. Nein, es ist nicht der Vater des Universums, wenn es auch verständlich ist, daß du versucht sein könntest, diesen Schluß zu ziehen nach dem Wenigen, was wir dir erzählt haben.

Vom Sehen kennt ihn jede Seele, die in den Reichen des Lichts lebt. Wieviele Tausende ihn ihren ‚geliebten Meister‘ nennen – und dazu gehört auch Omar –, läßt sich unmöglich sagen.

Er übt über alle Reiche die Funktion aus, die der einzelne Herrscher über das Reich ausübt, für das er eingesetzt ist. Er vereint alle Reiche der geistigen Welt zu einem riesigen Universum, über das unser aller Vater herrscht. Du kanst dir nicht einmal im entferntesten vorstellen, Roger, wie mächtig und unermesslich die Kräfte sind, die er besitzt, und dennoch ist er das huldvollste Wesen, das man sich denken kann. Seine Stellung ist die eines allerhöchsten Königs, wenn man so sagen kann, er selbst jedoch läßt sich nicht beschreiben.

Du wirst bald selbst sehen, welch ungeheures Maß an Wissen, Spiritualität und Weisheit er besitzt. Die Farben, die diesen drei Eigenschaften zugeordnet sind, sind blau, weiß und gold, und sein Gewand weist diese Farben in überwältigender Fülle auf. Du hast ja selbst gesehen, daß Omar diese Farben in beträchtlichem Umfange trägt. Doch gibt es jenen noch Größeren."

„Das ist, gelinde gesagt, ein bißchen erschreckend, Monsignore. Auf der Erde habe ich mich eigentlich immer gerne im Hintergrund gehalten, und das scheint mir eine Gelegenheit zu sein, wo das auch ratsam ist. Mit anderen Worten, man verdrückt sich, ehe Ihr Besucher kommt."

„Nein, nein, nein, Roger! Bleib, bleib, du must bleiben."

„Außerdem könnte ich im Weg sein."

„Komm, mein lieber Roger", schaltete sich Ruth ein. „Du bist bisher bei uns geblieben, und unser Rat war doch immer gut — auch wenn ich das sage."

So weit waren wir gekommen, als wir zwei alte Freunde über den Rasen herankommen sahen; wir waren nämlich draußen geblieben, nachdem sich Omar und der Ägypter verabschiedet hatten. Unsere jetzigen Besucher waren niemand anderer als Franz Joseph und Peter Iljitsch. Man begrüßte sich herzlich, und wir erzählten ihnen sogleich von Omars Besuch und seinem Zweck.

„Natürlich werdet ihr beide bleiben?" schloß ich.

„Mein lieber Freund", sagte Franz, „es würde dir ganz schön schwer fallen, uns beide loszuwerden."

„Roger ist ein bißchen nervös", erzählte ich.

„Du meine Güte", sagte Peter, „das ist doch Unsinn. Aber ich verstehe es. Also ich sag' dir was, Roger. Warte, bis er kommt, und wenn du dann ,Lampenfieber' bekommst, dann weißt du ja, auf welche Weise du dich schnellstens entfernen kannst. Aber du wirst es nicht tun. Sobald du diesen Besucher siehst, wirst du unbedingt bleiben wollen. So ist es Franz und mir ergangen, als wir ihn zum ersten Mal sahen. Wir sind ihm seither viele Male begegnet und haben mit ihm gesprochen. Wir haben so vieles, wofür wir dankbar sein müssen, denn von seinem hohen Reich erhalten die Künste ihre Inspiration, die sogar bis auf die Erde hinunter reicht. Viele von uns haben seit unserer Ankunft hier die Gelegenheit gehabt, zu erkennen, was uns in unseren Erdentagen zugeflossen ist, und dafür dankbar zu sein. Nicht wahr, Franz, mein lieber Freund?"

„Ja, ganz richtig. Auf Erden wußten wir kaum, woher uns unsere Einfälle kamen."

Inzwischen hatte Ruth einen schönen Lehnstuhl ins Wohnzimmer gestellt, eine Aufgabe, die sie bei solchen Gelegenheiten stets selbst ausführen wollte.

Während wir vor dem Haus beisammen standen, nahmen wir wahr, wie das Licht am Rande unseres kleinen Anwesens deutlich heller wurde, und wir wußten, daß dies ein untrügliches Zeichen dafür war, daß sich unser Besucher näherte. Daher gingen wir den Hauptweg hinunter, den breite Beete säumten, die vor bunten Blumen geradezu überquollen, und der vom Haus direkt zu der Stelle führte, wo wir unsere Besucher treffen sollten. Im nächsten Augenblick sahen wir sie bereits herankommen.

Unser Gast schritt zwischen Omar und dem Ägypter. Letzterer trug einen großen Strauß herrlicher weißer Rosen. Dieser bestand, wie wir später entdeckten, aus einer Reihe kleinerer Sträuße.

Omar sprach als erster.

„Nun, meine lieben Freunde", sagte er, „treffen wir uns wieder, und Franz und Peter sind ja auch da. Das ist gut."

Unser Besucher nahm jeden von uns bei den Händen und begrüßte uns freundlich. Franz und Peter hatten Roger untergehakt, um ihm Sicherheit zu geben, und das Bild, das dadurch entstand, erheiterte unseren Besucher, denn unsere beiden Freunde hatten Roger zufällig etwas fest gepackt.

„Was ist denn das, meine lieben Kinder?" lachte er. „Ihr seht ja aus, als wolltet ihr den Jungen festhalten, um zu verhindern, daß er vor uns flieht."

Ruth erklärte, daß Roger ein wenig nervös sei, da seine Erfahrungen bisher recht beschränkt seien.

„Komm, Roger, mein Sohn", sagte er, „was gibt es denn da zu fürchten? Du wirst doch nicht vor mir Angst haben? Gib mir deine Hand — so. Nun laß alle Furcht für alle Zeiten fahren. Das klingt wie eine Zauberformel, nicht wahr?"

Rogers Selbstvertrauen war sogleich wieder hergestellt, und er war wieder ganz er selbst.

„Ich glaube, ihr könnt euren Gefangenen jetzt unbesorgt loslassen, Peter und Franz."

Die beiden waren offenbar etwas verwirrt, weil weder sie noch Roger bemerkt hatten, daß sie immer noch untergehakt waren. Wir übrigen genossen diese kleine Episode, die an sich unbedeutend war, aber doch Güte und Menschlichkeit atmete und in wunderbarer Klarheit zeigte, daß selbst die höchsten Persönlichkeiten aus den höchsten Reichen der geistigen Welt keine unmöglichen Wesen sind, streng und abweisend, ernst und humorlos, sondern daß sie geradezu den Inbegriff aller Warmherzigkeit und Menschlichkeit ausstrahlen.

Roger wandte kein Auge von unserem erhabenen Gast, der sein bei solchen Besuchen übliches Gewand trug, nämlich ein weißes Kleid aus feinstem Gespinst mit einem breiten Goldsaum. Darüber trug er einen prächtigen Mantel, besser gesagt, Umhang in leuchtendem Blau, der mit einer großen rosa Perle geschlossen wurde. Sein Haar war golden, doch wenn man es in dem hohen Reich sieht, in dem er lebt, wird der goldene Ton zu goldenem Licht.

Was Roger offenbar am meisten anzog, waren die Gesichtszüge unseres Besuchers, denn nach dem, was wir ihm erzählt hatten, betrug dessen ungeheures Alter, nach irdischer Zeit bemessen, Millionen von Jahren. Dennoch konnte Roger kein Anzeichen von Alter entdecken. Doch wenn er mit Roger sprach, wußte dieser ganz genau, daß unser Besucher bereits Äonen durchlebt hatte, wenn er auch äußerlich den Anschein ewiger Jugend hatte.

Schließlich gingen wir ins Haus. Unser Gast setzte sich in seinen besonderen Stuhl, während wir anderen einen Halbkreis um ihn bildeten. Ich brauche wohl kaum zu sagen, daß wir ebenfalls saßen, denn wir benehmen uns stets wie vernünftige menschliche Wesen.

Unser Gast sprach nacheinander mit jedem von uns, und damit ich nicht mißverstanden werde, möchte ich auch hier gleich hinzufügen, daß es sich um ein vernünftiges Gespräch handelte. Wir glichen ganz gewiß nicht einer Gruppe von Schulkindern, die von einem verknöcherten Schulrat einem schrecklichen Verhör unterzogen wurden. Es stand uns frei, zu sprechen, wann wir wollten, freilich nicht ohne die üblichen Anstandsregeln zu beachten. Und, was das Wichtigste ist, wir hatten mancherlei Anlaß zu lachen — und wir lachten auch. In keinem Gespräch kann es an Humor fehlen, wenn Omar zugegen ist, und Franz und Peter unterstützten ihn nach Kräften. Roger staunte sehr über ihre scheinbare Kühnheit, doch er lernte schnell, daß man erwartete, daß er seine eigenen Gedanken zu irgendeinem Thema auch äußerte, wenn er das wollte.

Unser Gast dankte den beiden Komponisten für all ihre Arbeit sowie auch für die ihrer Kollegen und versicherte sie seiner steten Hilfe und Inspiration. Es war interessant — und für Roger eine Offenbarung von vielen — zu hören, wie die drei lebhaft eine Reihe von musiktechnischen Einzelheiten diskutierten. Schließlich sprach unser hoher Besucher direkt zu Roger über dessen Zukunft und setzte den Jungen dadurch in Erstaunen, daß er sich sehr für dessen Angelegenheiten interessierte und viel darüber wußte.

„Mir fließen die Informationen aus vielen Quellen zu", sagte er. Es war Omar, der mir, und Monsignore, der Omar erzählte, daß du lebhaftes Interesse an der Schaffung von Blumen gezeigt hast."

Roger erklärte, wie wir unseren Freund, den Gärtner besucht hatten, der ihn herzlich eingeladen hatte, sein Schüler zu werden, wann immer er wolle.

„Das ist gut, mein Sohn. Wie du selbst gesehen hast, gibt es hier eine Überfülle von nützlichen Dingen, die du tun kannst und die dir große Freude bereiten werden und die zu deinem Fortschritt und Weiterkommen in den Reichen dieser Welt beitragen. Du wirst auch gesehen haben, mein Sohn, wie wir alle unsere verschiedenen Aufgaben zum Wohl der Allgemeinheit ausführen ohne einen Gedanken an persönlichen Lohn. Dennoch wird der Lohn kommen, ja überreicher Lohn — und auch das wirst du selbst erfahren.

Die Arbeit erwartet dich, wann immer du die Neigung dazu verspürst; das heißt aber nicht, daß du deine gegenwärtigen Erkundungen abbrechen mußt. Niemand in diesen oder anderen Reichen würde deinem Streben nach Wissen, das du so aus erster Hand erlangen kannst, eine zeitliche Grenze setzen wollen, noch hätte er das Recht dazu. Doch es wird eine Zeit kommen, wo dein Geist den dringenden Wunsch verspürt, etwas aktiv zu tun, statt nur passiv Zeuge dessen zu sein, was um dich herum vorgeht.

Es wird dir nie an weisen und willigen Freunden fehlen, die dir jede erdenkliche Hilfe leisten werden. Du hast bereits in dieser kurzen Zeit Freunde gewonnen, von denen dich nichts mehr trennen kann, denn du lebst jetzt in einer Welt, wo es eine solche Trennung einfach nicht gibt. Wir sind immer da, so wie du auch.

Wenn du Musik studieren oder irgendeiner anderen Kunst nachgehen möchtest, dann können wir dir Lehrer versprechen, wie du sie auf Erden nie finden würdest, denn hier haben wir die Meister, die wahren Meister, von denen zwei zu meiner Freude hier bei uns sind.

Nimm also deine Arbeit auf, mein Sohn, wann immer du die Neigung dazu verspürst, in dem vollen Bewußtsein, daß die in dieser Welt geleistete Arbeit nie umsonst ist.

Jetzt, meine Freunde, ist es Zeit, daß wir gehen. Vorher möchte ich euch jedoch ein kleines Andenken an unseren Besuch überreichen."

Nun legte der Ägypter den Rosenstrauß in seine Hände.

„Nehmt dies, meine Freunde, mit meiner Liebe und meinem Segen. Vielleicht wirst du, Roger, helfen, Rosen zu schaffen, die so wunderbar wie diese hier sind. Denk dabei an mich, und meine Gedanken werden bei dir sein, denn weiße Rosen sind meine Lieblingsblumen. Unsere Freunde hier haben sie in meinen Gärten blühen sehen. Ich glaube, Omar, wir werden unverzüglich zurückkehren. Meine lieben Kinder, der Segen des Vater ruhe auf euch, und meine Liebe sei mit euch."

Mit diesen Worten verließen uns unsere Gäste.

„Nun, mein lieber Roger", sagte ich nach einer Weile, „bist du nicht froh, daß du dageblieben bist?"

„Bist du nicht froh, daß wir dich nicht weggelassen haben?" sagten Peter und Franz.

Doch Roger war für eine ganze Weile unfähig, ‚wieder auf den Boden zurückzukommen'. Als er es schließlich tat, war er so aus dem Häuschen, daß er einen nach dem anderen von uns durchs Zimmer schwenkte. Da Franz und Peter ebenfalls freudig erregt waren, setzten sie sich ans Klavier und spielten mit großem Schwung sogleich ein Duett, während Roger und Ruth weiter durchs Zimmer tanzten.

Schließlich legte sich unser ungestümer Gefühlsausbruch, doch ist man bei solchen Gelegenheiten von solch freudiger Erregung erfüllt, daß man ihr einfach irgendwie Ausdruck verleihen muß.

Unser Erlebnis war kein ‚spirituelles', wie sich das religiös veranlagte Menschen auf der Erde vielleicht vorstellen. Es war ein überwältigendes Erlebnis; es wäre töricht, das zu leugnen, und es wäre ebenso töricht, seinen spirituellen Wert zu verkennen, doch die Gefühle, die uns erfüllten, waren die strahlender Heiterkeit, höchsten Glücks und freudiger Erregung und keineswegs fromm oder gar frömmlerisch, und schon gar nicht so ehrfurchtgebietend, uns jeglichen Sinnes eines tiefen Erlebens zu berauben. Das letztere hatte dieser Besuch ja doch bewirken sollen; er war nicht ausschließlich für das ‚Wohl unserer unsterblichen Seelen' erfolgt. Jene unsterblichen Seelen ziehen ja doch auf ganz natürliche Weise überreichen Gewinn daraus, ohne eine unnatürliche und ganz unmögliche Religiosität dem aufzupfropfen.

Daher also der ‚Überfluß der Gefühle', in mehr als einem Sinne, und daher auch die Art und Weise, wie wir sie zur Schau stellten, und zwar ohne uns dafür zu schämen.

Wir sprachen noch lange miteinander, nachdem unsere Besucher fort waren, und wir besprachen mit Roger seinen Wunsch, jetzt bei dem Gärtner seine Arbeit aufzunehmen, während er zwischendurch seine Erkundungen fortsetzen konnte, wann immer er Neigung dazu verspürte. Wir versicherten ihm, daß es ihm nie an Ciceroni fehlen würde, die uns verträten, sollten Ruth oder ich durch unseren eigenen Dienst verhindert sein. Ja, Franz und Peter boten sogleich an, uns zu vertreten, wann immer das nötig wäre.

Es blieb also nichts weiter zu tun, als unseren Freund, den Gärtner, von der Ankunft eines neuen Schülers in Kenntnis zu setzen. Dies wurde sofort in Angriff genommen, indem wir uns alle gemeinsam zu der Pflanzschule begaben, wo man Roger herzlich aufnahm und ihm versicherte, daß er in kürzester Zeit lernen würde, viele wunderbare Blumen im allgemeinen und weiße Rosen im besonderen zu schaffen, was jetzt sein einziger, überwältigender Wunsch war.

16

Epilog

Unsere Streifzüge und Besuche kamen vorübergehend zu einem Ende, als Roger in die Pflanzschule als Schüler eintrat, und zunächst sahen wir ihn nur selten. Er erlangte schnell berufliche Fertigkeiten, wovon zwei wunderschöne weiße Rosenbäumchen, die vor unserem Haus links und rechts des Hauptweges stehen, beredtes Zeugnis ablegen. Danach gönnte er sich ein wenig mehr Ruhe, und wir konnten wieder häufiger zusammenkommen, wenn das die Anforderungen unserer eigenen Arbeit zuließen.

Er richtete sich im oberen Stockwerk unseres Hauses ein Arbeitszimmer ein, in dem es zahlreiche Fachbücher gibt und wo er im Augenblick mit dem Studium einer ganz besonders komplizierten Blütenbildung beschäftigt ist. Er hat auch Gartenbaupläne, wofür er unseren kleinen Besitz sorgfältig vermessen hat. Daraus schließen Ruth und ich, daß die Gärten um unser Haus zu gegebener Zeit eine beträchtliche Veränderung und Umgestaltung erfahren werden, worauf wir uns schon sehr freuen.

Seine Freunde haben auf die verschiedenste Weise Gewinn von seinen frisch erworbenen Fähigkeiten. Radiant Wing berichtet, daß eine Reihe der farbenprächtigsten und vollkommensten Blumen jetzt seine eigenen Gärten zieren, und verschiedene Vorschläge, die Roger gemacht hat, wurden zur großen Zufriedenheit ihres Besitzers in den Gärten selbst durchgeführt.

Sowohl Franz Joseph als auch Peter Iljitsch erhalten ständig zauberhafte Blumensträuße und Bouquets, die ihr jeweiliges Heim schmücken. Peter versichert, daß Roger kürzlich seinen spekulativen Blick über das Gelände um das Haus im Wald habe schweifen lassen, und zu Rogers offenkundigem Entzücken hat Peter ihm absolut freie Hand gegeben, alle ‚Verbesserungen' auszuführen, die er machen wolle.

Unser Freund im Landhäuschen ist ebenfalls nicht vernachlässigt worden, und Roger besucht ihn oft. Die beiden sind gute Freunde geworden.

Um Mißverständnissen vorzubeugen, möchte ich klar und deutlich sagen, daß unser junger Freund Roger, dessen bisheriges Leben in der geistigen Welt hier kurz dargestellt wird, keine Phantasiegestalt ist, die nur geschaffen wurde, um an ihr gewisse spirituelle Fakten aufzuhängen. Er ist eine wirklich existierende Person, deren Übergang und unmittelbar darauf folgende Geschichte sich genau so abspielten, wie es hier beschrieben wird. Diese Geschichte ist überaus einfach und könnte von zahllosen anderen jungen Leuten beiderlei Geschlechts oder auch von älteren Menschen erzählt werden. Sie ist in gar keiner Weise ungewöhnlich, und wenn man auch sagen kann, daß Roger für zahllose andere steht, so ist er doch Roger, ein junger Mann von großer Liebenswürdigkeit, den wir alle immer mehr ins Herz schließen. Seine fröhlichen Streiche und seine Heiterkeit sind für uns eine ständige Freude; doch hinter seinem Frohsinn stecken große Freundlichkeit und Entschlossenheit und ein Geist, der durchaus in der Lage ist, tiefe Gedanken zu fassen. Er fühlt sich im Umgang mit jenen, die auf viele Jahre zurückblicken können, ebenso wohl wie mit den ganz Jungen. Bei vielen Gelegenheiten hat er Ruth und mich nämlich ins Reich der Kinder begleitet, wo man Ruths Besuch um ihrer selbst willen und wegen ihrer musikalischen Leistungen immer freudig entgegensieht und wo ich mir einen gewissen Ruf als Märchenerzähler erworben habe. Hier in dieser bezaubernden Region ist Roger bei den Kleinen in seinem Element.

Die Begeisterung des Jungen für seine Arbeit ist so groß, daß er es für seine Pflicht hält, Ruth und mich dazu zu überreden, das Studium der Blumenzucht zusätzlich zu unseren anderen Beschäftigungen aufzunehmen. Sollten seine Bemühungen Erfolg haben, werden wir darauf bestehen, daß er selbst uns als seine Schüler annimmt und uns die Kunst, die er jetzt so würdig vertritt, lehrt.

Ein Letztes bleibt noch zu sagen: Es ist fast unvermeidlich, daß man den Vorwurf erheben wird, die bescheidenen Erlebnisse und leichten Gespräche, von denen hier berichtet wird, seien so unwichtig, daß sie in dem großartigen geistigen Plan des Lebens nach dem Tode nur geringe Bedeutung haben könnten und daß stets nur Angelegenheiten von größter Wichtigkeit und solche, die größte Aufmerksamkeit verdienen, von ,exkarnierten' Wesen besprochen würden.

Die geistige Welt ist zu jeder Zeit ein Ort, wo Menschen so behaglich und glücklich leben können, wie es ihnen von Anfang an bestimmt gewesen wäre. Daher verbringen wir die Ewigkeit nicht in ständigem Gebet und mit unaufhörlichen Lobpreisungen. Eine solche Lebensweise wäre nämlich überhaupt kein Leben, ja nicht einmal ein Existieren. Wir verbringen, beziehungsweise verschwenden unsere Zeit nicht mit tiefschürfenden theologischen Diskussionen über obskure oder auch nur alltägliche Theorien, aus dem einfachen Grund, daß wir etwas viel Besseres zu tun haben, etwas in jeder Weise Nützlicheres und viel, viel Unterhaltsameres und Vergnüglicheres. Unsere Gespräche sind stets rational, natürlich und normal. Wir sprechen nicht miteinander, indem wir religiöse Texte oder die Bibel zitieren, noch besitzen wir großes Wissen oder die Fähigkeit scharfer geistiger Wahrnehmung in dem Augenblick, da wir bei unserem Übergang die geistige Welt betreten. Wir sind zutiefst dankbar dafür, daß wir wir selbst sind und nicht so, wie andere uns gerne hätten.

Und nun zum Abschluß: Die Freunde, denen ihr auf diesen Seiten begegnet seid, schließen sich mir an, wenn ich jetzt sage:

Benedicat te omnipotens Deus.

17

Friede auf Erden

Wir hatten in unseren Arbeiten eine kurze Pause eingelegt, und wir genossen, was man auf Erden einen ‚freien Tag‘ genannt hätte. Mit ‚wir‘ meine ich eine kleine Gruppe von Malern und Musikern, sie alle Meister ihrer Kunst; dazu mein früherer kirchlicher Vorgesetzter, der ein Kirchenfürst war; mein Vater, zu seiner Zeit auch ein bekannter Prälat, aber von einer Konfession, die zu meiner gegensätzlich war, und schließlich meine guten Freunde und derzeitigen Kollegen Edwin und Ruth. Wir bildeten eine höchst angenehme Gesellschaft.

Es hätte den Herzen derjenigen, die für religiöse Einheit auf Erden eintreten, sehr gut getan, meinen Vater und meinen früheren Vorgesetzten in völliger Eintracht zu erleben. Sie sind in diesem Land enge Freunde geworden und treffen sich oft unter meinem Dach. Mein Vater hat sogar bei vielen Gelegenheiten seine Dankbarkeit gegenüber meinem früheren Vorgesetzten dafür zum Ausdruck gebracht, daß er sich sozusagen an Vaterstelle im späteren Teil meines irdischen Lebens um mich gekümmert hat.

Bei der Gelegenheit, von der ich jetzt spreche, hatten wir alle vorübergehend unserer Arbeit den Rücken gekehrt, freilich nicht − wie ich gleich hinzufügen möchte − aus irgendwelchen Gründen der Unzufriedenheit, sondern nach einem vorbereiteten Plan hatten wir unsere verschiedenen Betätigungen so eingeteilt und dort, wo wir intensiv beschäftigt waren, die notwendigen Vorkehrungen getroffen, daß wir uns gemeinsam erholen konnten − entsprechend unseren jeweiligen Einfällen und Wünschen. Und so vergnügten wir uns auf die verschiedenste Weise, besuchten gemeinsam andere Freunde und gingen überhaupt hierhin und dorthin ohne besonderes Ziel außer dem, die Erholung zu genießen.

Die Musiker und Maler lenken, auch wenn Musik und Malerei ihre Hauptbetätigungen sind, ihre Bemühungen auch in andere Richtungen und sind infolgedessen voller Betriebsamkeit wie wir alle.

Und nun saßen wir auf bequemen Stühlen auf dem Rasen meines Hauses unter Bäumen, atmeten die von süßem Duft erfüllte Luft ein, umgeben ringsum von wunderschönen Gärten, frei von jeglichen Sorgen und plauderten fröhlich über viele verschiedene Themen und tauschten dabei unsere Erlebnisse aus. Diese waren sehr unterschiedlich, wie man sich vorstellen kann bei einer so gemischten Gesellschaft, deren Betätigungen auf der Erde und in der geistigen Welt so sehr verschieden waren.

In der gesamten Gruppe am schlimmsten dran waren vielleicht die Musiker, denn sie wurden aufgefordert, zu unserer Unterhaltung Musik beizusteuern. Die Maler dagegen nahmen auf Grund ihres Berufs Befreiung von jeglicher konkreten Leistung sofort für sich in Anspruch, und angesichts der Stärke ihres Arguments waren sie sogleich äußerst selbstzufrieden. Wie einer von ihnen bemerkte: er würde ja allzu gern ein Bild für uns hier und jetzt malen, aber weil das einige Zeit dauern würde, da ein Bild ja nun mal nicht in einem einzigen Augenblick gemalt werden könne, wäre es das Richtige, wenn wir ausreichend Vorsorge dafür träfen, daß jemand anderer unsere Arbeit für uns tut, während wir es uns so gemütlich wie möglich machen sollten als Vorbereitung für eine äußerst lange Sitzung — er arbeite eben außerordentlich langsam und tendiere dazu, in Gegenwart anderer noch langsamer zu arbeiten... Zu unserer Unterhaltung wurden uns auch eine Anzahl Predigten von unseren kirchlichen Freunden zu einigen Themen angeboten, die wir insgesamt — und das ohne Dank — ablehnten. Es schien also, daß unsere Musiker am meisten in Mitleidenschaft gezogen waren, aber sie hatten trotzdem große Freude daran.

Wir saßen also da, als Ruths scharfes Auge in der Ferne zwei Männer entdeckte, die offensichtlich auf uns zukamen. Auf ihrem Weg hielten sie hier und da inne, um die Blumen zu betrachten, bis sie schließlich nahe genug waren, daß wir sie erkennen konnten. Der eine war ein Mann von gebieterischem Äußeren; das markanteste Charakteristikum war sein rabenschwarzes Haar. Ich habe ihn und seinen ständigen Begleiter euch zum ersten Mal in der frühesten meiner Schriften als den Chaldäer und den Ägypter vorgestellt. Seit meiner Anfangszeit in der geistigen Welt sind sie beide mir besonders herzlich zugetane Freunde, immer bereit zu helfen, bei jedem Anlaß Rat zu erteilen und mich aus ihren Erfahrungen Gewinn ziehen zu lassen — Erfahrungen, die aus einem langen, einem sehr langen Leben in der geistigen Welt stammen. Ich ging sofort, unsere zwei Besucher zu begrüßen, die allen Anwesenden ebenso gut bekannt waren.

Wir waren natürlich mehr, als Worte sagen können, begeistert, daß sie diesen Augenblick für ihren Besuch ausgewählt hatten. Alle meine Freunde erhoben sich beim Herannahen unserer Besucher, und die herzlichsten Begrüßungen wurden ungezwungen ausgetauscht. Inzwischen waren Ruth und einer der Männer nach innen gegangen und kamen kurz darauf mit einem besonderen Stuhl wieder, der für solche Gäste reserviert war. Es handelte sich um einen soliden Sessel aus Eiche, mit viel Schnitzwerk verziert — überhaupt ein sehr schönes Stück. Mit vielen herzlichen Dankesworten setzte sich der Chaldäer darauf; Ruth nahm zu seiner Rechten Platz, der Ägypter zu seiner Linken.

Der Chaldäer sagte, er sei wegen eines Auftrages gekommen, aber auch zum Vergnügen. Als das Wort ‚Auftrag‘ fiel, wollten unsere Freunde sich zurückziehen in der Meinung, er wolle seine Angelegenheit, welche auch immer, ohne Zuhörer erörtern. Aber der Chaldäer wollte davon nichts wissen und hieß sie alle, sich wieder zu setzen.

Soviel er wisse, sagte er, habe es während unseres Zusammenseins sehr viele Gespräche gegeben, und deshalb wäre ein bißchen mehr vielleicht kein Schaden. Der Chaldäer ist, sollte ich hinzufügen, ein Mann, der einen ausgeprägten Sinn für Humor hat; mit ihm zusammen zu sein ist immer wie ein geistiges Elixir. Er ist ein lebendes Zeugnis dafür, daß die Bewohner der höchsten Reiche ihre Heiterkeit und ihren Humor nicht verlieren.

Es sei schade, sagte er, daß wir das großartige Angebot unserer Kollegen abgelehnt hätten, sich ein oder zwei Predigten anzuhören, da er erkennen könne, daß die ganze Gruppe eine kleine spirituelle Extrastärkung durchaus vertragen könne.

Nachdem weitere scherzhafte Bemerkungen hin und her gegangen waren, wandte sich der Chaldäer mir zu und sprach von unseren geplanten Schriften, von denen die vorliegende nun Wirklichkeit geworden ist. Dann gab er die Anregung, daß ich vielleicht die Einfügung eines Kapitels über ein Thema, das er anzubieten habe, gerne sehen würde. Ich erklärte meine Bereitschaft und Freude, ihm stets zu Diensten zu sein. Er nahm das erfreut zur Kenntnis und umriß dann für mich das Thema, das er gern erörtert gesehen hätte. Ich sollte dabei meine eigenen Worte verwenden, er wolle nur die Zusammenfassung geben.

Wir hörten mit Interesse zu, während er die verschiedenen Punkte seines Themas darlegte. Einige in unserer Gruppe, die mit den Dingen auf der Erde nicht so vertraut waren wie wir anderen, wurden durch das, was der Chaldäer zu berichten hatte, traurig gestimmt. Schließlich war das Thema beendet, und das Gespräch verlief wieder in unseren Bahnen.

Unser Zusammensein wurde wieder beschwingter, nachdem der Vortrag unseres Besuchers so sehr ernst gewesen war. Da wir unsere beiden Besucher bedrängten, doch so lange wie möglich zu bleiben, schlossen sie sich unserem fröhlichen Festchen an, zu dem die Heiterkeit des Chaldäers und seine zahlreichen Erlebnisse erheblich beitrugen. So machten wir also weiter.

Und so trage ich, bevor unsere derzeitige Gruppe sich sozusagen auflöst, jeder wegen seiner jeweiligen Angelegenheiten, ohne weitere Einleitung das vor, was ich geheißen worden war, mit euch zu besprechen.

Zu jedem Tag, in jeder Woche, in jedem Jahr auf Erden ergeht der Ruf, der − so ist berichtet worden − vor langer, langer Zeit in einem kleinen Winkel der Erde von einer Engelschar verkündet wurde: *Ehre sei Gott in der Höhe und Friede auf Erden allen Menschen, die guten Willens sind.*

Wieviele Hunderte von Jahren ist dieser Satz ausgesprochen worden? Und bei wievielen Gelegenheiten ist der Friede der Erde zerstört worden? Die Seiten der Geschichtsbücher sind befleckt mit dem Blut der Menschen, vergossen in zahllosen Kriegen, die die Erde befallen haben − jeder wurde immer härter, jeder forderte eine immer größere Zahl von Opfern. Da wissenschaftliche Entdeckungen sich überall vervielfacht haben, scheint es unvermeidlich gewesen zu sein, daß diese Entdeckungen, wo immer möglich, bei Ausbruch eines Krieges zu tödlichem Nutzen verwendet wurden. Kriegswaffen werden bis zu einem gewissen Grade nicht mehr einzeln eingesetzt, sondern sind zu Instrumenten des Massenmordes gemacht worden, wobei die Opfer nach Zehntausenden zählen.

Dies sind Dinge, über die ihr, meine lieben Freunde, nur allzu gut informiert seid durch eure eigenen bitteren Erfahrungen der jüngsten Vergangenheit. Ich trage sie euch also vor, nicht um eure Zeit zu vergeuden oder eure Geduld dadurch auf die Probe zu stellen, daß ich euch etwas sage, dessen ihr euch voll bewußt seid, sondern weil eine klare Feststellung des Offensichtlichen manchmal ratsam ist, um ein gewähltes Thema ganz eindeutig zu machen.

Das Leben auf der Erde ist riskant geworden, und meine Freunde haben sich ohne Zweifel gefragt, wie es kommt, daß es anscheinend auf der Erde immer Krieg gegeben hat. Und weiter, warum Kriege nicht ein für allemal beendet werden können. Von eurem Nachbar würdet ihr die Antwort bekommen, das sei ja genau das, was die Führer der ganzen Welt jetzt so beharrlich zu tun versuchten.

Hier möchte ich jetzt eine Erklärung abgeben, die so einfach und eindeutig ist, so unerschütterlich und spirituell unbestreitbar, wie Worte der Sprache das klarmachen können. Es handelt sich um eine geistige Wahrheit, deren Tiefe zu durchdenken sich nur wenige Führer auf der Erde wirklich ernsthaft bemüht haben, die aber dennoch in den Gebetbüchern zu finden und Bestandteil der Gottesdienste mindestens einer Staatskirche ist. Sie lautet: Du sollst nicht töten. Schaut in eure Gebetbücher, und ihr werdet feststellen, daß es an fünfter Stelle steht — als fünftes von Gottes Geboten!

Welches geistige Gesetz lenkt das irdische Menschenleben in dieser Hinsicht? Mit anderen Worten, was sagt die geistige Welt? Sie sagt genau das, was ich euch soeben gesagt habe, aber auf jeder Liste geistiger Verbote erhält dieses Gebot einen weit höheren Platz als den fünften.

Mit welchem Recht nimmt der Mensch auf Erden die Macht in Anspruch, über ‚Leben und Tod‘ zu entscheiden, wie man das nennt? Auf der Erde ist es Brauch, das Töten von Menschen durch Erlaß von Gesetzen zu legitimieren. (Ihr kennt mindestens ein Land, das solche Formalien aufgegeben hat zugunsten mündlicher Anweisungen oder ganz kurzer handgeschriebener Dokumente). So daß durch Einbeziehung der offiziellen Ermächtigung, Menschen zu töten, in die Gesetzgebung des Landes ein solches Tun rechtens ist, ist es nicht so? Dabei kommt es nicht darauf an, ob es sich um einen einzelnen handelt oder um ein ganzes Volk als kämpfende Macht. Es liegt im Wesen der Regierungen — und ebenso vieler vom Staat unterstützten Kirchen —, die Menschen, die unter ihrer Macht stehen, nur im Zusammenhang mit der irdischen Welt zu sehen. Die Erde ist für sie im wesentlichen die wirkliche Welt, die materielle Welt.

Das ist das Leben, das einzige Leben, das man kennt, aber kaum begreift. Der Tod des physischen Körpers ist natürlich unvermeidlich — das gibt man zu, aber damit ist man ja nicht befaßt. Sache der Kirche ist es, sich darum zu kümmern, so wie sie es für das Beste hält und nach Maßgabe etwaiger Kontrolle und Einflußnahme, die der Staat möglicherweise ausübt in der Kirchenleitung und bei der Ernennung von Priestern und Würdenträgern. Es mag eine nominelle Verbindung zwischen Kirche und Staat geben, aber letzterer hat wenig oder gar kein Interesse an der Kirche. Die Kirche ist ja wunderbar für die Frommen und andere religiös eingestellte Leute, und die Mitglieder einer Regierungsinstitution sagen vielleicht einige formale Gebete vor Eröffnung der offiziellen Sitzungen. Das geschieht, weil es Sitte ist, aber solcher Handlung wird so gut wie keine Bedeutung beigemessen. Man betet vielleicht um Führung bei den Beratungen, aber letzten Endes verläßt man sich doch lieber auf das eigene kluge Urteil.

Nach jedem geistigen Gesetz, soweit wir mit ihnen in der geistigen Welt vertraut sind, ist jegliche Legalisierung der Macht, die natürliche Lebensdauer eines Menschen auf der Erde zu beenden, ein Unrecht. Um die Bestimmungen aus einem Erlaß zu verwenden, der Ursache für kirchliche Uneinigkeit in meinem eigenen Vaterland war: ‚Kein Fürst, Mensch, Prälat, Staat oder Machthaber, gleich ob geistig oder weltlich, hat das Recht, irgendeine Art von Macht, Jurisdiktion, Vorrang, Autorität, Bevorrechtigung oder Privileg über geistige Gesetze auszuüben‘, unter denen ‚Du sollst nicht töten‘ eine hervorragende Stellung einnimmt.

Was sagen die Gesetze der Erde in diesem Zusammenhang, so wie sie auf den einzelnen und auf ganze Völker angewendet werden? Im Fall eines einzelnen sagen sie de facto: Dieser Mensch hat durch Töten eines anderen Menschen das Gesetz gebrochen. Wir haben für ihn deshalb in dieser Welt keine weitere Verwendung. Wir wissen nichts über die Gesetze in der jenseitigen Welt; dennoch muß die jenseitige Welt ihn haben und aufnehmen. Für unsere Welt ist er zu schlecht. Wir haben über ihn geurteilt und ihn für schuldig befunden. Gott wird nun dasselbe tun, obschon wir unsere Seele der Gnade Gottes empfehlen. Vorgeblich tun wir das zur Abschreckung für andere, aber in Wahrheit wollen wir ihn lossein, weil das die billigste und befriedigendste Art und Weise ist, mit ihm umzugehen.

Im Fall der Völker ist es Brauch, internationale Zerwürfnisse und Streitigkeiten dadurch zu regeln, wo Worte und Verhandlungen versagt haben, daß man zu den Waffen greift. Die Völker treffen aufeinander, wie es die Umstände diktieren, und die Armeen der Völker, d.h., ihre Bürger, die ja Menschen sind, gehen daran, einander zu töten, mit all den Mitteln, die passend oder verfügbar sind oder den zwingenden Umständen von Ort und Zeit entsprechen. Diese Methode, mit internationalen Streitigkeiten fertig zu werden, wenn alle friedlichen Mittel versagt haben, ist schon seit so langer Zeit üblich, daß man kein Datum für den Beginn festlegen kann. Den Armeen wird die Macht gegeben, die Staatsfeinde zu töten. Ihr seht, meine Freunde, ich schreibe nur buchstäblich die Methode nieder, die die Herrscher eurer Erde benutzen, um die Streitereien der Erde beizulegen. Sie lautet: Ziehe in den Krieg und töte, töte,

töte! Jage den Feind und töte ihn. Bevor ich jetzt einen Schritt weitergehe, werdet ihr mir zurufen: „ Das ist ja alles gut und schön, aber was sollte man denn machen? Sie haben doch selbst gesehen — wir nehmen zumindest an, daß Sie es gesehen haben —, in welche Extremsituation wir zu Beginn der kürzlichen Feindseligkeiten gezwungenermaßen gedrängt waren. Wir Engländer haben uns bemüht, die Welt davor zu bewahren, ein riesiger Sklavenstaat zu werden, und die Bewohner der Welt vor jeglicher Bestialität zu schützen. Wir vertraten das Recht im Gegensatz zu reiner Macht. Wir mußten unser Leben und unsere Heimat verteidigen und versuchen, für uns selbst und für unsere Kinder eine anständige Welt zu sichern. "

Das ist eure Situation, wie ihr sie mir darstellen würdet. Laßt mich dann sagen, daß wir von der geistigen Welt voll und ganz mit euch mitfühlen. Daß ihr mit dem schlimmsten Übel ringen mußtet, das je die Erde befallen hat, das ist überhaupt nicht zu bestreiten; wer das doch täte, ist einfach ein törichter Mensch. Vergeßt nicht, meine Freunde, daß wir von diesem Übel mehr gesehen haben, als ihr es je konntet, auch wenn ihr im dicksten Kampfgewühl wart. Wir konnten wahrnehmen, welche Kräfte, für euch unsichtbar — in den meisten Fällen hättet ihr sie euch in euren schlimmsten Träumen nicht vorstellen können —, am Werk waren und auf der Seite des Unrechts kämpften. Laßt mich aber wiederum sagen, daß es immer noch Unrecht ist — und es immer sein wird —, wenn ein Mensch seinen Mitmenschen tötet, aus welchem Grund auch immer. Was immer die Gründe, was immer die Provokationen sein mögen, es bleibt Unrecht. Wir dürfen nicht gegen das Gesetz Gottes verstoßen, das ein geistiges Gesetz ist.

Es gibt einen alten Spruch, den ihr sehr gut kennt, daß zweimal Schwarz kein Weiß ergibt. Darin liegt eine ewige Wahrheit; keine neue Entdeckung oder sonstige geistige Offenbarung kann sie ändern, beseitigen oder irgendwie umstoßen. Im Falle eines Krieges gilt freilich, daß der Zweck die Mittel heiligt — eine gefährliche Lehre. Wie kommt es zu Kriegen? Die Geschichtsbücher geben euch Auskunft über die politischen Situationen, die schließlich zum Ausbruch eines Krieges führten. Eine fröhliche Lektüre ist das nicht; sie zeigt ganz und gar die geistige Blindheit der Erdenwelt. Manche Leute sagen, wenn nur die Lehren der großen Seele, die Friedensfürst genannt wird, absolut und einwandfrei in die Tat umgesetzt würden, dann würden Kriege auf der Erde für alle Zeit ein Ende finden. Aber wie soll das geschehen? Durch den Einfluß der Kirchen? Das schiene offensichtlich der richtige Weg. Wie steht es aber mit den Missetaten, die begangen wurden und werden im Namen Gottes oder im Namen der heiligen Religion? Die Geschichte berichtet ja auch davon. Sind denn nie Ketzer auf dem Scheiterhaufen verbrannt worden? Freilich war es nur die weltliche Obrigkeit, die die Verbrennung vornahm, natürlich nicht die Kirche. Letztere verdammte ja nur. Das jedenfalls möchte die Kirche euch glauben machen. Die Kirche hätte aber gegen solche Barbareien laut protestieren können, tat es aber nicht, weil sie meinte, nichts könne als eine Strafe für einen Ketzer zu schrecklich sein.

Die Kirche hatte einst mächtige juristische Gewalt. Heute kann sie nichts tun außer höchster moralischer Verdammung, was aber selten vorkommt. Wenn es vorkommt, wird es überhaupt nicht beachtet. Die Kirche muß sich dem Staat beugen — was vielleicht gerade recht ist, wenn man an die Verbrennungen auf dem Scheiterhaufen denkt.

Wenn ihr euch an die Heiligen Schriften als Kodex sittlichen Verhaltens wendet, dann müßt ihr die verschiedenartigen Deutungen dieser Schriften bedenken, die zu Uneinigkeit unter den Christen geführt haben. Vielleicht sagt ihr, das Gebot ,Liebet einander!' bedarf keiner Deutung, und damit hättet ihr unbestreitbar recht. Das Thema der Bibeldeutung ist schon an anderer Stelle mit euch besprochen worden. Was ich jetzt hierzu sagen will, ist, daß die Heiligen Schriften nicht alles enthalten, was der große Lehrer gesagt hat, und daß der Großteil seiner Lehren nicht in dem Buch enthalten ist, das bis auf den heutigen Tag überall auf der Erde verwendet wird. Wäre der volle Text erhalten geblieben und wären Auslassungen ergänzt worden, dann wäre vielleicht eine ganz andere Geschichte davon berichtet worden, wie die weitere geistige Reise der Erde durch die Zeiten hindurch vor sich geht.

Krieg — wie man ihn auch bezeichnen mag — muß für alle Zeiten geistig verdammt bleiben, ob es nun ein Straffeldzug, ein Angriffskrieg oder ein Kampf aus anderen Gründen ist, die man nicht aufzuzählen braucht. In vielfacher Weise ist die Erde geistig blind, aber in keiner so sehr, als wenn sie, um Streitigkeiten zu regeln, zu den Waffen greift. Hier erkennt ihr die Ergebnisse der kirchlichen Lehren oder des Fehlens solcher Lehren. Wenn die Kirche überhaupt irgendwelche geistigen Wahrheiten besessen hätte, dann hätte diese grobe Unterbewertung menschlichen Lebens auf der Erde nie Wurzel schlagen und nicht jahrhundertelang bestehen können, wie es nun mal der Fall ist. Die das menschliche Leben auf der Erde betreffenden Gesetze beruhen auf grober Theologie und auf Irrtum. Die Gesetze eines Volkes müssen beachtet werden in dem Sinne, daß man sie befolgen muß, aber kein Volk hat, göttlich gesprochen, die Macht oder das Recht oder den Auftrag, die natürliche Dauer eines Menschenlebens auf Erden auch nur um eine Sekunde zu verkürzen. Die beratenden Gremien der Völker denken anders, aber darin irren sie sich katastrophal.

Wenden wir uns jetzt einem anderen Aspekt dieses Themas zu. Ihr müßt wissen, daß kein Mensch — ganz gleich, welchen gesellschaftlichen Stand er hat oder welche geistige Entwicklung — jemals im Augenblick seines Hinüberganges unbeachtet bleibt — der Übergang mag sich auf dem Lande vollziehen, in der Luft, auf dem Wasser oder darin. Ob wir uns dem einzelnen nähern können, liegt an dessen geistigem Niveau. Wenn es möglich ist, daß wir näherkommen und unsere Hilfe anbieten, tun wir das unbedingt. Unser Vorgehen wird vielleicht verhöhnt oder verspottet; die scheidende Seele mag so tief im Bösen stecken, daß wir uns einfach nicht nähern können. Trotzdem wird jemand da sein, um zu tun, was menschenmöglich ist. Wenn wir sehen, daß wir nichts ausrichten können, ziehen wir uns widerstrebend zurück. Wenn auf der Erde normale Zeiten herrschen, geht unsere Arbeit stetig weiter, während der Übertritt der Menschen in diese Lande seinen regelmäßigen Verlauf in der gewohnten Größenordnung nimmt. Seit es die modernen Kriege gibt, sind die Zahlen der Übertretenden ungeheuer gestiegen, und ihr Herüberkommen zu uns hat sich außerordentlich beschleunigt. Für so viele, die noch auf Erden sind, sind diese Seelen, Zivilisten oder Soldaten, ‚fortgegangen‘ — mehr kann man nicht sagen, denn was über sie gekommen ist oder wie es ihnen ergeht, weiß kein Mensch, kann kein Mensch erraten. Das ist die allgemeine Einstellung derer, die kein wirkliches geistiges Wissen besitzen.

Im ersten Teil dieser Schrift habe ich zu euch von den Veränderungen gesprochen, die in diesen und anderen Reichen als Folge der zwei Kriege eingetreten sind. Ich bin auf die ungeheure Menge zusätzlicher Arbeit eingegangen, die zu tun ist, wenn solche Kriege ausbrechen. Wir haben den letzten schrecklichen Konflikt von einer Seite aus erlebt, die für euch, die ihr noch inkarniert seid, unmöglich war. Wir hier in diesen Regionen haben unter anderem all den verabscheuungswürdigen Haß gesehen, der dadurch entzündet wurde, daß die gemeinen Pläne böser Menschen vereitelt wurden — zudem ein Haß, der in aller Härte in die geistige Welt von den Übeltätern gebracht worden ist, die ihn in ihren dunklen Seelen hatten. Auf sie gehe ich gleich ein. Ich habe euch daran erinnert, daß unsere Dienste so sehr intensiviert wurden, daß das Wort

‚kolossal' nahezu bedeutungslos wird, wenn man deren Umfang bezeichnen will. Wieviele Menschen, meint ihr, sind in diese Lande gekommen, deren Übergang durch den letzten Krieg verursacht worden war? Ihre Zahl ist von euren irdischen Chronisten zurückhaltend auf 30 Millionen berechnet worden. Das ist eine Untertreibung. Für viele war es eine Erlösung von unaussprechlichen Schrecken, Grausamkeiten und Foltern, die an ihnen von den Anhängern des bösesten Menschen neuerer Zeit begangen wurden. Seine Anhänger waren nicht weniger böse, aber der, der sie zu diesen scheußlichen Taten hauptsächlich inspirierte, wurde selbst von den dunkelsten Reichen der geistigen Welt inspiriert.

Wer lebt in diesen dunklen Reichen? Es handelt sich um Menschen, die früher einmal auf Erden lebten. Nicht etwa die geistige Welt hat sie zu dem gemacht, was sie sind, oder sie dorthin gebracht, wo sie sind – in die äußerste Finsternis. Ihr Leben auf der Erde hat bewirkt, daß sie jetzt dort sind. Einige sind durch die Gesetze der Erde vorzeitig dorthin geschickt worden; andere gelangten schließlich zum Zeitpunkt ihres normalen Übergangs dorthin. Und die Kriege haben die Zahl dieser Leute ansteigen lassen. Deshalb haltet euch bitte vor Augen, daß das irdische Leben den geistigen Abstieg dieser Seelen verursacht hat, nicht der dann folgende Aufenthalt in der geistigen Welt.

Der letzte große Krieg wurde dadurch ausgelöst, daß diese tiefgesunkenen Seelen die Erde überfluteten, wo sie, für euch gänzlich unsichtbar, feststellten, daß sie in konzentrierter Bemühung leicht einen übelgesinnten Mann und seine übelgesinnten Anhänger und Kohorten inspirieren konnten.

Diese entsetzlichen Kriege hat nicht Gott geschickt als Strafe für die Sünden der Erde. Das ist eine törichte Erfindung törichter Kirchenmänner, deren Verständnis für die Liebe des himmlischen Vaters ihrer groben, heidnischen Theologie entstammt. Zu glauben und gar zu versichern, daß Gott solche qualvolle Strafe der inkarnierten Menschheit auferlegte, ist eine Verleumdung gröblichster Art, zieht sie Ihn doch hinab auf das Niveau irgendeines heidnischen Stammesgottes.

Die inkarnierten Werkzeuge des Bösen haben den Weg der Zerstörung betreten und sind ihm ungestüm hinunter gefolgt. Man könnte die Frage aufwerfen: Wenn diese Erdenmenschen von den Bewohnern der dunklen Reiche der geistigen Welt inspiriert wurden, wie kommt es, daß sie nur bis zu einem gewissen Punkt so erfolgreich waren? Warum folgte ihrem anfänglichem Erfolg nicht ein vollständiger und endgültiger Sieg des Bösen? Die Antwort lautet: Die schändlichen Kreaturen der dunklen

Reiche sind an ihren inkarnierten Werkzeugen nur so weit interessiert, wie diese ihre Begierden erfüllen; es gehört zu ihrem Plan, daß ihre Werkzeuge letzten Endes zum Untergang verdammt sind. Es ist durchaus nicht ihr Ziel, für irgend jemanden einen Sieg zu erreichen, sondern nur soweit es ihrer augenblicklichen Zielsetzung dient. Ihr Fernziel ist es, alle diejenigen, die sich mit ihnen eingelassen haben, ins Verderben zu stürzen, andere auf ihr niedriges, abstoßendes Niveau herabzuziehen. Sie selbst sind offensichtlich so tief gesunken, daß sie tiefer nicht mehr sinken können. Sie haben nichts mehr zu verlieren, aber viel zu gewinnen an der teuflischen Freude, die ihnen der Anblick menschlichen Verderbens bringen kann. Die Verhältnisse auf der Erde waren damals so, daß dieser ungeheure Einbruch des Bösen aus den dunklen Regionen möglich wurde. Schritt für Schritt wurde der niederträchtige Plan aufgebaut — mit welchen Ergebnissen, daran brauche ich euch nicht zu erinnern.

Unter großen Mühen wurden die Kräfte des Bösen vertrieben. Und jetzt, was bleibt? Habt ihr jetzt Frieden? Viele unter euch — tatsächlich wohl die meisten — werden sagen, daß ihr sehr weit davon weg seid, denn überall, in nahezu allen Teilen der Erde herrschen Aufruhr und wirtschaftliche Unruhe. Natürlich rechnet ihr damit, daß es einige Zeit dauert, bis man wieder zu den Lebensbedingungen zurückkehren kann, die ihr als ‚Friedenszeit‘ vor Augen habt. In den vielen Jahren, in denen Energie ausschließlich für Kriegszwecke aufgebracht wurde, ist die Erde von so vielem entblößt worden, was jetzt dringend benötigt wird für lebensnotwendige Dinge ebenso wie für den üblichen Komfort. Aber von dem allen abgesehen herrscht im Augenblick viel zu viel Unruhe. Erstaunlich ist das ja nicht. Die Völker der Erde sind, militärisch gesehen, erschöpft, ebenso wie sie als physische Wesen erschöpft sind nach all den Jahren der Plage, der Strapazen und der schlechten Ernährung. Sind die Nerven angespannt, ist der Mensch leicht erregt. Es gibt aber noch andere Gründe für diese Unruhe; wir kommen gleich darauf.
Bedenkt doch bitte mal, was ich euch gegenüber in Bezug auf das fünfte Gebot gesagt habe. Ihr habt erlebt, daß eine Gruppe böser Männer vor die Schranken irdischer Gerechtigkeit gebracht wurde, um sich wegen der ungeheuerlichen Verbrechen gegen die gesamte Erde zu verantworten. Daß das so geschehen ist, ist recht und billig. Zu diesem Thema haben Autoren als ihre Ansicht geäußert, daß nur die Zeit erweisen wird, ob das eine gute Tat war oder eine schlechte. So wie wir die Dinge in der geistigen Welt sehen, haben die Völker recht getan, diese unmensch-

lichen Geschöpfe vor Gericht zu bringen und sie vor den Augen der ganzen Welt zu verurteilen. Der Schuldspruch war richtig. Kein anderer Spruch hätte gefällt werden können im Sinne wahrer Gerechtigkeit – von der die Erde ja so wenig kennt. Aber mit dem Urteilsspruch, daß eine Anzahl dieser Männer unverzüglich in die Regionen des Geistes geschickt wurden, sind die Wesen unserer Reiche und eines jeden Lichtreiches oberhalb und unterhalb von uns in überhaupt gar keiner Weise einverstanden.

Was ist denn eigentlich getan worden? Ohne Frage, ohne jeden Zweifel: Die Erde ist diese Männer los, und ihr meint, daß ihr nun freier atmen könnt. Ihr meint, die Wurzel des Übels sei ausgerissen worden und systematisch und endgültig vernichtet. Die Erzschurken sind nicht mehr auf der Erde, und deshalb können sie nichts Übles mehr tun. Können sie das nicht? Können sie das denn wirklich nicht?

Was ist also tatsächlich getan worden? Es ist dies: Statt alle diese niederträchtigen Ungeheuer oder wenigstens die vielen, die sich nicht von eigener Hand in die dunklen Reiche befördert haben, dort festzuhalten, wo ihr deren Aufenthaltsort kennt, wo ihr sie immer finden könntet, und wo sie kein weiteres Unheil anrichten könnten – statt sie streng gefangen zu halten, haben die Führer der Erde sie freigelassen! Sie sind jetzt hier in diesen Regionen der geistigen Welt – frei! Frei jedem, den sie finden, ihren bösen Willen aufzuzwingen. Frei, sich zusammenzuschließen, wie sie sich auf der Erde zusammengetan hatten; frei, auf die Erde zurückzukehren, unsichtbar für euch, und alle möglichen Schwierigkeiten dort anzustiften, wo sie jemanden entdecken, der auf ihre gemeinen Eingebungen hört. Sie sind frei, von euch unbemerkt über die ganze Erde zu streifen und schon durch ihre große Zahl weitere und schlimmere, unendlich schlimmere Katastrophen über die Menschheit zu bringen.

Warum haben die Kirchen so völlig versagt, der Welt die geistige Wahrheit zu schenken, daß all diese schrecklichen Katastrophen für alle Zeit vom Antlitz der Erde verbannt sein sollen? Weil sie selbst die Wahrheit nicht kennen und, was uns hier schier das Herz zerreißt, weil sie die Wahrheit gar nicht kennen wollen.

Die Machthaber der Erde gründen eben mindestens eines ihrer bürgerlichen Gesetze auf eine schrecklich irrige Auffassung vom Wesen des ‚Lebens nach dem Tode‘. Wir in der geistigen Welt mußten hilflos beiseite stehen, während eine hohe internationale Institution einen ganz schwerwiegenden Fehler begeht. Was macht das schon, sagen diese Menschen de facto, so lange diese verabscheuungswürdigen Verbrecher von der Erde ganz verschwunden sind, wo sie uns nie wieder Probleme schaffen werden. Der Tod ist die höchste Strafe, die schlimmste Bestrafung, die über solche Untermenschen, denen die Heiligkeit menschlichen Lebens nichts bedeutete, verhängt werden konnte. Möge sie deshalb der Tod ereilen. Gott wird sich mit ihnen befassen, wie wir es nie könnten; Gott wird ihnen keine Gnade erweisen, sondern sie werden dazu verdammt werden, die Ewigkeit in der Hölle zu verbringen, dem einzig sicheren und richtigen Bestimmungsort für sie.

Welche Torheit, zu meinen, man habe sie bequem und ordentlich und vor allem endgültig erledigt, weil entsprechend einem Gerichtsurteil ihr Leben schnell beendet wurde. Hätte die Erde auch nur ein Zehntel der geistigen Wahrheit gekannt, hätten Kriege längst aufgehört, die Menschheit aber läßt einen falschen Schritt dem anderen folgen und begeht diesen jüngsten ,krönenden' Fehler.

Es ist nicht mein Ziel — das wollt ihr bitte verstehen —, als Schwarzmaler zu erscheinen; es ist auch nicht meine Absicht, die jetzige oder die zukünftige Lage zu übertreiben. Meine alten Freunde kennen mich, davon bin ich überzeugt, besser, als daß ich so etwas versuchte. Was ich versuche, ist, euch zu zeigen, daß die Erde als Ganzes seit Jahren in einem Zustand geistiger Unwissenheit lebt, woraus sich das Chaos ergibt. Religion ist, wenn sie den Namen zu Recht trägt, keine Angelegenheit von Kirchengebäuden und angenehmen, malerischen Gottesdiensten mit Kerzen und Ornamenten, Orgelmusik und Chören — etwas, woran man am Sonntag denkt und den Rest der Woche kaum beachtet —, von den beruflichen Religionsvertretern, den Geistlichen abgesehen. Wahre Religion ist keine Angelegenheit frommer Übungen und bombastischer Gebete, mit falscher, affektierter Stimme gesprochen und kaum erfüllt von praktischem geistigem Wert. Religion sollte, wenn sie als Organisation auftritt, die Wahrheit kennen über die zwei Welten, die irdische und die geistige. Stattdessen spricht sie nur milde Tadel aus und duldet, was doch offensichtlich falsch ist. Sie lehrt und predigt ein Gewebe aus geistigen Irrtümern, das von der Wahrheit so weit entfernt ist, daß man es nur phantastisch und lächerlich nennen kann. Stets hat die Kirche das Licht zu unterdrücken versucht, wenn es als ein Schimmer der Wahrheit leuchtete, und ist lieber ihre alten, in Irrtum verstrickten Wege gegangen. Ist es da verwunderlich, daß die Erde mit den Lehren der Kirche als Leitmaßstab Dinge getan und gesagt hat, die im Laufe der Zeit zu Katastrophen auf der Erde geführt haben? Als man im Begriff war, gewisse böse Männer von der Erde zu entfernen, hat die Kirche da laut verkündet, daß solch ein Vorgehen dem Gebot strikt zuwiderläuft, das als fünftes verzeichnet ist? Sie bewahrte lieber strenges Schweigen und völliges Unbeteiligtsein. Wenn es aber doch Gottes Gebot ist, kann es keinerlei Diskussion darüber geben. Einstimmig hätte die Kirche es verurteilen sollen, daß dies Gebot in diesem Fall gebrochen wurde und in allen anderen. Die Kirche hat aber viele Stimmen — sie sind alle verschieden.

Nimmt man etwa an, daß alle diese verworfenen Männer oder immerhin ein wesentlicher Teil von ihnen, soweit sie in unsere Regionen gekommen sind, bei ihrem Übergang ‚ein neues Leben begonnen haben‘, sie zwar in keinem Sinne Engel geworden sind, aber zumindest einige Zeichen der Reue erkennen lassen? Es wäre der Gipfel der Torheit, so etwas zu denken. Allein schon die Art und Weise ihres Übertritts hat in so vielen Fällen nur dazu gedient, ihren Haß zu steigern, und so ist es jetzt ihr Ziel, wo und wann immer möglich Rache zu üben. Die Führer sind hier in der geistigen Welt — eine schöne Konzentration des Bösen! Vielleicht fragt jemand: Warum verhindert Gott das nicht? Die Antwort lautet: aus demselben Grund, weshalb er nicht schon den Ausbruch des Krieges verhindert hat. Der Mensch begeht seine greulichen Fehler und fordert dann Gott auf, sie zu bereinigen. Die Kirche bittet um Führung, stellt aber keine Kanäle bereit, über die sie gegeben werden kann. Ist das nicht der Gipfel der Torheit und Unwissenheit?

Die Erde ist immer in der Finsternis gewandelt, stolz auf ihre Leistungen, ihren materiellen Fortschritt, ihren sozialen Aufstieg —, stolz auf ihre wissenschaftlichen Entdeckungen und ihre edlen Bemühungen um das Wohlergehen der Menschen. Man kann aber nicht ständig im Dunkeln wandeln, ohne eines Tages schwer mit etwas zusammenzustoßen und so einen Unfall und Schaden zu erleiden. So wie die Wege verworrener werden, werden die Hindernisse und Fallen immer häufiger und gefährlicher, und die Zahl der Opfer wird immer größer. Schließlich kommt es dann zu einer vernichtenden Tragödie. So ist es all diese Jahre mit der Erde gegangen. Für diesen letzten großen Brand, wenn ich das so nennen darf, ist das brennbare Material in langen Jahren zusammengetragen worden. Zum Schluß bedurfte es für die Zündung nur noch eines Funkens — und der Funke kam.

Es gibt eine Redewendung, die in der Vergangenheit im Zusammenhang mit euren Haushaltsarbeiten ständig aufgekommen ist. Sie wurde von manchen verspottet, aber ihr alle, zumindest sehr viele von euch, haben unter dem gelitten, was die Wendung besagt. Die Redewendung lautet: die Arbeitslast abwerfen.

Genau das hat die Erde getan. Sie hat die Last des Bösen abgeworfen auf uns in der geistigen Welt, denn nicht nur habt ihr uns die bösen Männer selbst zugesandt, sondern wir hier müssen euch helfen, die Dinge bei euch in Ordnung zu bringen.

Welches Recht hat die Erde, sich ihren Pflichten zu entziehen und sie auf die Menschen in der geistigen Welt abzuwälzen? Auf welches göttliche Gesetz gründet sich das Verfahren, daß ein Individuum, wenn es ein bestimmtes Verbrechen begeht, von der Erde in die Geisteswelt abgeschoben wird? Wäre nicht die gesamte Erde entsetzt, wenn wir, gesetzt den Fall, so etwas wäre auch nur im entferntesten möglich, jeden einzelnen zur Erde zurückschickten, den wir in der geistigen Welt als für diese Regionen nicht wünschenswert erachteten? Wir könnten mit solchen direkten Methoden die dunklen Reiche von ihren Bewohnern schnell säubern und so für alle Zeit die Reiche der Dunkelheit beseitigen — Reiche, auf die wir nicht im geringsten stolz sind, über die sich zu freuen aber auch die Erde nicht im mindesten Anlaß hat, werden sie doch ausschließlich von Wesen bewohnt, die einstmals auf der Erde lebten. Wie gern sähe es die Erde, wenn wir auf sie all das Böse zurückschleuderten, das zu uns herübergeschickt worden ist? Und doch werden gewisse Arten von unerwünschten Bürgern in Erfüllung weltlicher Gesetze zwangsweise in unsere Regionen verfrachtet. Wer auf der Erde Macht hat, glaubt törichterweise, daß er damit in außerordentlich kluger Weise eine Quelle des Bösen aus dem eigenen Bereich weggebracht hat — hin zu einem Ort, wo es nicht mehr tätig oder wirksam sein oder irgendeinen Einfluß ausüben kann.

Was für ein unaussprechlicher Wahnsinn, zu meinen, das sei wirklich so! Welch riesige Torheit! Was für eine ungeheure Selbstzufriedenheit! Und es gibt niemanden, der diesem Wahnsinn Einhalt gebietet, dieser Torheit, dieser Selbstzufriedenheit, außer einer vergleichsweise kleinen Zahl von Leuten, deren Stimme zwar nachdrücklich ist — sie wird aber nicht beachtet. Es gibt keine einzige Seele, die mit uns in direkter Verbindung steht, die nicht in der Lage wäre, mit unfehlbarer Präzision darauf hinzuweisen, daß es sich hierbei um den schrecklichen Bruch eines geistigen Gesetzes handelt, wenn nach den Gesetzen eines Volkes die Machthaber es selbst in die Hand nehmen können, die irdische Lebensdauer eines Menschen abrupt zu beenden.

Und so, meine lieben Freunde, hoffen die Erdenmenschen auf Grund der überlegenen Weisheit der irdischen Führer und infolge der Durchführung gewisser Gerichtsurteile völlig vergeblich, daß sie endlich die bösen Mächte auf Erden überwunden haben; in Wahrheit hat das, was geschehen ist, eine Konzentration alles Bösen in der geistigen Welt bewirkt. Diese bösen Menschen sind hier; gebt euch hier keinem Irrtum hin. Sie sind am Leben, gebt euch auch hierin keinerlei Irrtum hin. Die gesamte Erde hat Angst vor der Zukunft, und das mit Recht. Man befürchtet weiteres und unendlich schlimmeres Blutvergießen, Verluste an irdischem Leben, das Zerreißen von Familien, die Vernichtung und Entvölkerung der Städte in geradezu erschreckendem Ausmaß und die teuflischen Folgen und Spätfolgen einer ungeheuren Vernichtungskraft. Die Erdenmenschen haben wirklich jeden Grund, Angst zu haben.

Ein freundlicher Leser ruft mir jetzt vielleich zu: Sie haben jetzt wirklich sehr viel gesagt, vielleicht können Sie uns auch sagen, was denn das Heilmittel für all das ist? O ja! Es handelt sich um eines der Heilmittel, die — in sich ganz einfach — so sehr wirkungsvoll sind, wenn man sie wirklich richtig anwendet. Die Anwendung muß freilich gründlich geschehen, umfassend, man möchte sagen, äußerst konsequent. Es handelt sich um das Folgende: Die gesamte Erde muß sich einem vollständigen und radikalen Herzens- und Sinneswandel unterziehen. Und was meine ich damit genau, fragt ihr vielleicht? Einfach dies: Jede Seele auf der Erde muß voll und ganz erkennen, daß sie während der gesamten kurzen Dauer ihres Erdenlebens Pflichten gegenüber dem Nächsten hat, so wie der Nächste ihr gegenüber. Wie ein altes Sprichwort sagt: Was du nicht willst, das man dir tu', das füg' auch keinem andern zu.

Der Bewohner eines Landes sieht jeden außerhalb seines eigenen Landes als Fremden an. Das ist falsch. In der geistigen Welt gibt es keine Fremden. Auf der Erde haben wir vielleicht diesem oder jenem Volk angehört; hier gehören wir zu *einem* Reich, der unermeßlich großen Welt des Geistes. Warum sollte eure so unendlich viel kleinere Welt sich in diese eng begrenzten, abgeschotteten Nationalitäten aufteilen?

Die Erde vermeinte, sie habe im wesentlichen alles recht für sich gemacht; in Wirklichkeit ist sie von einem Fehler zum anderen gestolpert, hat falsche Schranken und Barrieren in ihrem gesellschaftlichen Leben errichtet und hat durch streitsüchtige Religionsgemeinschaften falsche geistige Lehren unter ihren Anhängern verbreitet. Wenn die Erde den Frieden will, muß sie damit neu beginnen, daß sie die geistige Wahrheit lernt, und das muß an den hohen Stellen geschehen, wo die jeweilige Regierung der Völker liegt. Der Mensch muß wissen, daß die geistige Welt und die Erdenwelt zwar zwei getrennte Einheiten sind, doch sind sie miteinander verbunden, und das ganz eng. Er muß erkennen, daß wir von der geistigen Welt mit unseren Freunden auf Erden in Verbindung stehen können und es tatsächlich tun, und ferner, daß, ebenso wie wir die Verbindung aufnehmen können, dies auch die hohen Wesen, die Mächtigen aus den höchsten Sphären geistigen Seins, tun können und aus ihrem großen Schatz Wissen und Weisheit in reichem Maße schenken können. Diese erhabenen Wesen sind willens und bereit, den Führern der Erde bei all ihren Schwierigkeiten und Problemen zu helfen, so daß durch die Anwendung richtiger und angemessener Maßnahmen ewiger Frieden und Wohlergehen der erschöpften Erde gebracht werden kann, und das für alle Zeit ungefährdet.

Aber wie soll dieser Wandel von Herz und Sinn zustande kommen, wenn die Führer der Völker geistig blind sind? Auf der Erde, meine Freunde, gibt es zu viel Selbstsucht und nicht annähernd genügend Selbstlosigkeit. Wandel des Herzens ist etwas Revolutionäres, aber nur durch solche revolutionären Methoden läßt sich die Erde vor zukünftigem Unheil retten.

Mit jedem neuen Ausbruch nehmen Kriege an Ausmaß, Intensität und Brutalität zu; sie nehmen keineswegs ab in der Gewalt, mit der sie Verwüstung, Entvölkerung und Vernichtung zufügen. Es muß eine Zeit kommen, wo ein ‚Sättigungsgrad‘ erreicht ist. Auf der Erde haben schon viele die Ansicht geäußert, daß dieser Zeitpunkt bereits gekommen ist. Bei Ausbruch des nächsten Krieges, versichern sie, wird die Welt durch die ungeheuer gewaltige Macht der neuen Vernichtungskräfte ausgelöscht werden. Wenn die Erde nicht untergehen soll, müsse etwas geschehen. So dringt also das Licht allmählich an den Stellen vor, wo die größte Dunkelheit herrscht und wo es am dringendsten benötigt wird — bei den Führern der Völker; sie nämlich bringen die Kriege auf die Erde, ganz gleich, was die Ursachen oder Provokationen sind. Die Gruppe böser Menschen in der geistigen Welt, die von der Erde hierher geschickt worden sind, sind zur Zeit keineswegs untätig oder machtlos. Sie sind außerordentlich aktiv und mächtig. An den Erdenmenschen liegt es, ihnen keine Gelegenheit, keinen Kanal zu verschaffen, durch den ihre bösen Absichten verwirklicht werden können. Während die Führer der Erde versuchen, kurzlebige Friedenspläne auf der Erde zu verfolgen, tun die Bösen ihr Äußerstes, diese Pläne zu stören und ihre üblen Kräfte auf jede erdenkliche Weise zur Geltung zu bringen.

Und wo sind, so könnte man fragen, die ‚Engel des Lichts‘ in all dieser Zeit? Schauen sie untätig zu, unfähig, der Flut des Bösen zu wehren, unfähig, auf Erden Gutes zu bewirken? Nein, sie schauen keineswegs untätig zu. Ob aber die Wesen der geistigen Welt das Denken der Führer in der irdischen Welt und das ihrer Untergebenen beeinflussen können, liegt bei den Menschen. Wir bemühen uns angestrengt, ihrem Denken das richtige Vorgehen einzuhämmern. Einige hören uns vielleicht und mögen voll und ganz überzeugt sein, daß die Gedanken, die ihnen ‚in den Kopf gekommen sind‘, die einzig vernünftige und sichere Lösung für ein bestimmtes Problem sind. Was aber geschieht dann? Solche Menschen sind ja in der Minderheit — eine Stimme in der Wüste vielleicht — und was für eine Wüste! Man hört sie vielleicht — es gibt auf der Erde ja wahre Propheten —, aber ganz sicher wird sie nicht beachtet werden. Andere Einflüsse sind am Werk, Theorien sind zu prüfen, gewisse Interessen sind zu schützen und müssen unter allen Umständen berücksichtigt werden, Finanzen sind zu bedenken, kleinliche Vorschriften und komplizierte Verfahrensweisen sind zu beachten, und dazu kommen Vorurteile, Stolz und reine Idiotie, die noch Hindernisse schaffen.

Nein, ganz gewiß werden die Wesen der geistigen Welt ihre Erdenbrüder nie im Stich lassen, denn deren Not ist heute bedrängender, als sie es im Verlauf der gesamten Geschichte jemals gewesen ist. Wenn doch der Mensch nur die Stimmen aus den erhabenen Reichen des Geistes, von denen ich gesprochen habe, beachten wollte. Uns kommen die Tränen, wenn wir sehen, wie die Erde tiefer und immer tiefer im Chaos versinkt. Große nationale Gebetstage, meine Freunde, bringen kaum irgendwelchen Nutzen. Um was wird denn gebetet, würdet ihr sagen? Um Führung vielleicht? Nun gut. Wenn die Führung dann gegeben wird, was folgt? Wird dem irgendwelche Beachtung geschenkt? Solche Führung ist ja bereits gegeben worden — auch ohne die eindrucksvolle Versammlung bedeutender Persönlichkeiten in einer grandiosen Zurschaustellung religiöser Inbrunst. Gebete um Gnade, weil die Kirche die Erdenmenschen alle zu ‚elenden Sündern‘ erklärt, und das Aufsagen langer und höchst unangemessener Gebete zeitigen keinerlei Ergebnisse. Besser wäre es, wenn diese bedeutsamen Leute im stillen Kämmerlein zusammenkämen und mit tiefem Ernst im Herzen und mit tiefer und aufrichtiger Entschlossenheit entsprechend ihren Eingebungen handelten, ganz ohne Rücksicht auf vorgefaßte Meinungen oder Vorurteile und dann beteten: „Himmlischer Vater, zeige Du uns durch Deine Diener des Lichts, was wir tun sollen, und was immer es sein mag, wir versprechen, daß wir es unfehlbar tun werden." Das, meine lieben Freunde, würde weit großartigere Ergebnisse hervorrufen als all die übertriebene Feierlichkeit aller ‚Aufrufe zum Gebet' – und entsprechender Gebete. Möchte der Vater des Universums etwa, daß seine Kinder im Staub vor ihm liegen? Würdet ihr, meine Freunde, die ihr auch Kinder habt, die ihr liebt, es gerne sehen, wenn sie vor euch im Staub lägen? Natürlich nicht. Zuwider wäre euch der Anblick, und ihr würdet euch fragen, was mit ihnen – oder mit euch selbst – nicht in Ordnung ist, daß sie sich so verhalten. Also seid, möchte ich euch sagen, ganz unverstellt, wie es wahren Menschen geziemt, und sprecht in einfachen, unaffektierten Worten, wie ihr sie unter euch in eurem eigenen Heim verwenden würdet, unser aller Vater an und bittet ihn, er möge eurer alten Erde aus ihren großen Schwierigkeiten und ihrem Elend heraushelfen. Wir werden uns allen Bemühungen anschließen, die wahrhaft auf das eine Ziel des ‚Friedens auf Erden für alle Menschen guten Willens' gerichtet sind. Wahrer Frieden ist ja doch keine Angelegenheit von Unterschriften auf Dokumenten. Wenn es universellen guten Willen gibt, ist der Frieden in Sicht.

Die Erde hat zwar durch die unermüdliche und bereitwillige Hilfe ihrer unsichtbaren Freunde aus der geistigen Welt die Kräfte des Bösen bereits besiegt, sie hat aber durch ihre jetzigen groben Fehler die Kräfte des Bösen von ihrer eigenen Welt in unsere gebracht. Sie hat das Böse in physischer Form vertrieben, es bleibt in geistiger Form jedoch aktiv und hat dabei auf seinem verruchten Weg an Gewalt zugenommen. Helft ihr uns also, euch zu helfen, jeglichen weiteren Einbruch des Bösen auf der Erde zu verhindern. Jene bösen Kräfte können uns in diesen und anderen Reichen des Lichts keinen Schaden zufügen, wohl aber können sie euch schaden, schrecklichen Schaden zufügen und erneut Grauen und Schrekken über die Erde bringen.

Und nun, meine Freunde, ist der Zeitpunkt gekommen, daß ich diese Schrift abschließe. Wir haben einiges besprochen, und die Reise, die wir miteinander unternommen haben, war für euch hoffentlich nicht langweilig. Wenn es Dinge gibt, die wir nicht erörtert haben, dann ist das so, weil Platz, in geistigen Reichen zwar unbeschränkt, stets sehr begrenzt ist, wenn wir die Erde besuchen und uns durch das gedruckte Wort äußern. Wir müssen uns also nach der Decke strecken.

Daß ihr wieder Ruhe und Wohlergehen genießen könnt, ist unser aller aufrichtiger Wunsch, und mit Gottes Hilfe wird euch beides wieder durch seine wahrhaft fähigen, wenn auch unsichtbaren Diener geschenkt werden. Und zu all eurem Streben nach diesem glücklichen Ziel möchte ich sagen:

Benedicat te omnipotens Deus.

ISBN 3-923781-09-1
farbig broschiert
156 Seiten, DM 18,80

Hinrich Ohlhaver

Die Toten leben

Dieses Buch macht den Leser mit Deutschlands wohl erstaunlichstem Medium bekannt. Unter den vielen medialen Fähigkeiten, die Elisabeth Tambke ausübte, sind die durch sie bewirkten Materialisationserscheinungen Verstorbener wohl die in ihrer „Leibhaftigkeit" bemerkenswertesten gewesen, die je auf deutschem Boden demonstriert worden sein dürften.

Trutz Hardo: Wohl kaum ein anderes Buch vermag den Leser von einem Leben nach dem Tod und vom Vorhandensein einer Geisterwelt nachhaltiger zu überzeugen.

ISBN 3-923781-17-2
farbig broschiert
92 Seiten, DM 15,80

Harold Sharp

Auch Tiere überleben den Tod

Indem das berühmte hellsichtige Medium Harold Sharp seine Erlebnisse mit „verstorbenen" Tieren erzählt, führt er zugleich den Beweis, daß Tiere den Tod überleben und sich aus ihrer jenseitigen Welt ihren irdischen Freunden bemerkbar machen oder zeigen können. Zugleich vermochte es der Autor, mit seinem Astralkörper das Jenseits aufzusuchen und das Erlebte in Erinnerung zu behalten. Somit haben wir in diesem Buch auch einen authentischen Bericht vorliegen über das Leben der Tiere in der jenseitigen Welt.

ISBN 3-923781-25-3
farbig broschiert
188 Seiten, DM 24,80

Werner Widmer

Gott, die Welt und Du

Dem Autor gelingt es, Licht ins Dunkel zwischen Diesseits und Jenseits zu bringen, indem er auf sehr verständliche Weise darlegt, wie alles Sein aus Geistenergie besteht, die sich zu Neutronen – der eigentlichen Urmaterie – verdichtet.

Zu dieser vielleicht epochemachenden Erkenntnis gibt der Autor dem Leser praktische Hinweise, wie er aufgrund einer neuen Denkweise positiv sein Leben umgestalten kann.

Ein erstaunliches Buch – voller neuer Perspektiven!

ISBN 3-923 781-21-0
farbig broschiert
162 Seiten, DM 19,80

Hildegard Schäfer

WO SCHATTEN IST, IST AUCH LICHT

EIN BUCH ZUR LEBENSHILFE

Das vorliegende Buch der bekannten Autorin ist im besten Sinne echte Lebenshilfe. Es wendet sich an alle Menschen, die mit Problemen, Sorgen, Leid und Kummer belastet sind und zeigt, wie die persönlichen Probleme , Schicksalsschläge und negativen Einstellungen im Leben aufzulösen und in Positivität und Lebensbejahung umzuwandeln sind.

ISBN 3-923781-16-4
mehrfarbig broschiert
176 Seiten, DM 24,80

Gertrud Walter

Unterwegs zur menschlichen Ganzheit

– Eine physisch-spirituelle Fastenanleitung –

Dieses auf Erfahrungen der Autorin begründete Buch gibt dem Leser Anweisungen, wie er durch verschiedene Fastenmethoden an Leib und Seele Nutzen für sich ziehen kann.
Vor allem derjenige, der nach spirituellen Erfahrungen sucht, findet hier über die anschaulich dargestellten praktischen Anleitungen hinaus ein komplettes Programm zum Wecken und Entfalten seiner übersinnlichen Begabungen.
Ein Fastenbuch also, das es für geistig Suchende und Esoteriker bislang nicht gab und das manchen in seiner Entwicklung weiter bringen wird.

ISBN 3-923781-18-0
farbig broschiert
124 Seiten, DM 17,80

Hans Sperling

Was die Welt im Innersten zusammenhält

– Versuch eines ganzheitlichen Weltbildes –

Der vielseitig gelehrte Dr. Hans Sperling, der mit über dreihundert Veröffentlichungen auf verschiedenen Gebieten hervorgetreten ist, schreibt am Ende seines Lebens ein Buch, in welchem er den Versuch unternimmt, die Erscheinungen dieses und des jenseitigen Lebens zu einem ganzheitlichen Weltbild zu verknüpfen.